경남현대시인론

국립중앙도서관 출판시도서목록(CIP)

경남현대시인론 : 이상옥 평론집 / 지은이: 이상옥 . ── 서울
: 詩와에세이, 2015
280P. : 152×224㎝

ISBN 979-11-86111-04-8 03810 : ₩25000

한국 현대시[韓國現代詩]
시 평론[詩評論]

811.09-KDC6
895.71009-DDC23 CIP2015001861

경남현대시인론

이상옥 비평집

詩와에세이
2015

❙ 머리말 ❙

내가 터를 잡고 있는 경남지역을 중심으로 시대, 장르, 젠더 등에서 대표성을 띠는 22인(일제강점기의 이은상에서부터 2000년대의 박우담에 이르기까지)을 다루었다. 글 쓴 기간도 2002년부터 2014년까지라 10년 넘는 간극이 있다. 각 글 발표 연도를 밝혔으며, 제목은 시인의 이름을 넣어 책의 성격에 맞게 다소 가필하였다. 본격 시인론으로 쓴 것도 있지만 토포스, 에피소드 등을 중심으로 편하게 접근할 수 있게 한 것도 강조해 두고 싶다.

경남 소재 대학에 재직하면서 『경남현대시인론』이라는 저서를 하나 추가할 수 있어 나름대로 보람을 느낀다.

곧 봄이다.

2015. 2

합성동 캠퍼스에서 저자

차 례

이은상의 역사적 아이러니

1. 노산에 대한 상반된 평가

올해 3 · 15의거 46주년을 맞아 열린사회희망연대가 마산 육호광장 옆에 있는 '은상이샘' 앞에서 기자 회견을 열고 "3 · 15는 통곡한다. '은상이샘' 철거하라."라는 목소리를 드높였다. 이는 열린사회희망연대가 노산의 삶의 행적이 독재권력에 부역했다고 보고 3 · 15 정신에 위배된다고 판단하고 있기 때문이다.

경남도민일보 보도에 의하면 3월 15일 마산에서 일어난 부정선거 항의 시위를 '마산사태'로 표현하면서 이에 대한 당시 문화계 인사들의 의견을 1960년 4월 15일자 조선일보가 실었는데, 이는 경찰의 실탄 발포로 몇 명의 학생들이 숨지고 4월 11일에는 마산상고 입학생 김주열의 시신이 떠올라 2차 마산의거가 진행되던 시점이다. 노산은 "지성을 잃어버린 데모다! 불합리와 불법이 빚어낸 불상사다!"라고 서두를 열면서 "내가 마산 사람이기 때문에 고향의 일을 걱정하는 마음이 더 크다. 분개한 생각이야 더 말할 것이 있으랴마는 무모한 흥분으로 일이 바로잡히는 법이 아니다. 좀 더 자중하기를 바란다. 정당한 방법에 의하지 않으면 도리어 과오를 범하기가 쉽다."라고 3 · 15의거를 왜곡했다는 것이다.

또한 "이은상은 박정희 정권 아래서는 공화당 창당선언문을 써 유신의 이론적 근거를 제공하고 박정희가 죽자 추모가를 작사하기도 했"고 "이후 장충체육관에서 어거지로 대통령이 된 전두환에게도 재빠르게 대통령임을 인정해 주는 글을 바친 인물"이라는 것이다.

이 같은 비판적 여론은 이미 공론화가 이루어졌다. 마산시가 노산문학관 건립을 2000년 밀레니엄 사업 중 하나로 검토하게 되고 그것이 공론화 되자 노산이 일제 때 만주에서 발간된 친일신문인 만선일보에 근무한 사실이 있는 친일적 인물이며 광복 후에는 이승만 정권과 박정희 유신 정권, 신군부 독재 정권에 부역한 인물이라는 이유로 마산에 노산문학관을 건립한다는 것은 불가하다고 일부 시민단체를 중심으로 주장했던 것이다. 그 결과 우여곡절을 겪으면서 노산문학관은 무산되고 대신 마산문학관이 건립되기에 이른 것이다.

한편으로는 노산이 한평생 지시적 삶을 살았다고 평가한다. 노산이 일제 시대에는 3 · 1만세 운동에 참여하였고, 조선어학회 사건으로 옥고를 치렀으며 해방 이후에는 친 권력적이라는 평가와는 달리 유신 정권에 협조하지 않는 등 올곧은 삶을 살았던 것으로 평가하는 것이다.

일례로 황희영의 「내가 본 노산 선생」의 한 대목은 퍽 시사적이다.

> 내가 어느 날 노산 선생 댁을 찾아가 뵈었을 때였다. 때마침 유신헌법을 선포한 직후였다. 정부에서는 유신헌법을 반대하는 여론들을 무마하기 위해서 저명인사 지도층이라고 할 만한 사람들을 불러서 언론보도의 일선에 나가 좌담 또는 개인 연설을 종용하던 때였다. 노산 선생은 적이 흥분해 있었다. 밖에서 걸려온 전화를 비서에게 말씀하시기를, "이 노산은 평생 제복 제모를 입어보고 써본 일이 없다고 해. 내게 정부에서 주는 모자를 쓰고 다니라는 말은 하지 말아 달라고 해. 노산은 노산 그대로 두는 것이 유익될 것이라고 해." 하시었다.

2. 노산과 조국

과연, 노산은 어떤 인물일까.

노산은 전 삶을 통하여 계몽주의자적 면모를 보인다. 일제 시대, 해방 공간, 독재 정권 시대라는 미몽의 시대를 거치면서 선각자로서 민족들이 개명하기를 바라는 마음으로 문필가, 사회 활동가로서 정력적인 삶을 살았던 인물이 노산이다.

노산은 1903년에 남하 이승규의 아들로 마산시 상남동 102번지에서 태어났다. 남하는 호주선교사 손안로로부터 전도를 받아 기독교를 받아들이고 마산의 첫 교회인 마산포교회(현 문창교회)를 개척하였고, 또한 1909년 8월 19일 손안로 선교사와 함께 창신학교를 정식 인가 받은 인물이다. 노산이 기독교 지도자요 교육자였던 남하의 아들로 태어난 것은 그의 삶이 계몽주의자로 나아가게 한 단초가 된다.

또한 노산은 창신학교 시절 은사인 환산 이윤재에게 국사와 국어를 배우며 민족의식을 깨우치게 되었다. 노산이 젊은 시절부터 일제 3 · 1운동에 참여하고 조선어학회 사건으로 옥고를 치르는 등 올곧은 민족주의자가 된 것도 남하의 영향과 환산 같은 이의 영향도 받았던 것이다.

노산은 어릴 때부터 확고한 민족주의자적 성향을 지니게 되고, 그 같은 토대 위에서 시인의 감성을 지니게 되었다. 그것은 학창시절부터 문재를 보여온 노산이 그의 아버지 남하의 죽음과 첫사랑의 실패 같은 실연 등으로 타고난 감성의 자극을 받게 됨으로써 그의 문재가 드러나기 시작한 것이다.

노산은 창신학교를 졸업하고 1920년부터 2년간 창신학교 교사로 근무했는데, 노산은 창신학교 교사 시절부터 문학에 심취하여 시와 소설을 잡지에 투고했고, 이미 그때 노산이 지은 시에다 곡을 붙여 학생들에게 불려지기도 했다. 이때 지은 「순례자」, 「제목 미상의 노래」, 「미풍」 등은 현재에도 전해지고 있다. 노산은 약관에 이르기 전에 작품을 발표하였던 것이다. 그러나 노산이 본격적으로 문인으로 활동을 하게 된 것은 1922년 연희전문학교에 진학한 이후 『연희』, 『개벽』, 『조선문단』 등에 시, 소설, 평론 등을 발표하면서부터다.

노산은 1925년 육당 최남선의 권유와 주변의 도움으로 일본 유학 길에 올라, 와세다 대학 사학부에 수학하며 나도향, 염상섭, 양주동 등과 교유하고 나라 잃은 설움을 달래기도 했다. 노산은 와세다 대학에서 2년간의 학업을 끝내고 1927년 동경에 있던 동양문고에서 국문학 연구 및 문학에 열중했다. 1928년 귀국하여서는 계명구락부 회원으로 일하며, 스승인 이윤재와 함께 조선어학회 회원으로 조선어 사전을 편찬하는 일에도 종사하였다.

노산은 조선어학회에서 상당히 중추적 멤버로 활동을 한 것으로 추정된다. 그것은 한글학자 이희승의 다음과 같은 지적에서 알 수 있다.

> 내가 노산을 처음 알게 된 것은 대학 재학 시절이었는데 처음엔 시문학보다 더 많았던 그의 史話集을 대하고서부터였다. 사화집이라는 것은 삼국사기나 삼국유사 등에 비치는 신라열전 같은 데서 개인 열전을 찾아 순한문으로 된 그것을 국한문으로 해석하여 엮은 책인 것이다. 노산 역시 그것을 골라 몇 편 낸 것으로 기억한다. 이렇게 나는 사화집으로 하여 노산을 처음 알았고 뒷날 함경남도 홍원경찰서 유치장에서 노산과 한 방에 있었다. 나는 1942년 10월 1일 검거되었고 노산은 시골가 있었기 때문에 그해 11월경 검거되었다. 당시 노산이 검거된 것은 조선어학회 사전 편찬위원회의 발기 취지문 때문인데 그것을 노산이 지은 까닭이다.

노산은 일제 시대에 옥고를 치렀다. 그것은 이희승의 지적처럼 조선어학회 사전 편찬위원회의 발기 취지문을 썼을 만큼 일제를 거스르는 지사적 삶을 살았기 때문이다.

1931년부터 잠시 이화여자전문학교 교수를 지낸 뒤에 동아일보, 조선일보에서 근무했는데, 교수나 기자 시절에도 그의 조국에 대한 사랑은 남달랐다. 그는 틈틈이 시간을 내어서 국토 순례를 하며 우리 국토, 민족 사랑을 유려한 필치로 표현했다. 이화여전 교수로 재직 중 동아일보에 「史上 로맨스」라는 제목으로 우리 역사 이야기 연재를 하고서, 1931년 『朝鮮史話集』을 발간했는데, 이는 "하나의 피 묻은 운동이었다. 일제의 억압과 동화에 항거하려 제 얼, 제 역사, 제 사상, 제 지식을 키우자는 뼈저린 문화 운동이었다고" 노산은 당시를 회고한 바 있다.

노산은 1938년 조선일보를 사직하게 되는데, 여기서 유명한 筆塚文의 일화가 전한다. 1831년 만주사변이 일어나고 1937년 중일전쟁이 일어나면서 일본군 전적을 연일 게재하게 되는데, 이때 조선총독부에서 신문사에 압력을 가해 일본군을 我軍이나 皇軍으로 표시하도록 했다. 이 같은 일에 직면한 노산은 일제에 굴복하느니, 차라리 사직하는 것이 낫다고 판단하여 조선일보를 물러나면서 필총문을 썼다. 붓을 묻어버린다는 뜻의 필총문은 일제에 대한 노골적인 반발 글로써 신문에 게재되지 못하고, 당시 조선일보 학예부 기자였던 李源朝가 보관하고 있었으나 유실되고 말았다고 한다.

조선일보를 떠난 노산은 은둔 생활을 시작하게 된다. 그는 1938년 9월 서울을 떠나 부산으로 내려와 잠시 여류 문인 김말봉의 집에 기거하다가 전남 광양의 백운산에서 광산 사업을 하는 친구 일을 도우며 은거하게 된다.

뒷숲에 우는 부엉이 소리 밤이 얼마나 깊었는고
금시 어디로 갔나부다 온 산이 조용도 하이
백운암 깊은 산골에 달만 찢어지게 밝고

밤과 함께 살아야만 하는 슬픈 운명이기에
너는 지금 미친 듯이 허공을 휘둘게다
영원히 저주받은 설움이라 밤만되면 울고

뒷숲에 우는 부엉이 소리 그렁그렁 새벽인가봐
몇 골짝기나 휘매고 자쳐서 돌오왔나
부엉아! 구슬픈 네 울음에 숲이 온통 젓나부다

—「부엉이」 전문

노산은 은거하면서 시와 함께 살았다고 고백하고 있다. 위의 시는 백운산 밑에 부엉이가 울면 그 울음과 함께 민족혼의 설움이 복받쳐서 쓴 것이다. 이 시는 개인적 슬픔을 넘어서 나라 잃은 백성의 집단 정서를 표출하고 있다. 물론, 이 부엉이는 노산을 표상한다. 낮에는 일제 형사들의 감시 때문에 자유롭지 못하고 밤에는 조국의 비극적인 정황을 시로 토해낸 것이다. 노산은 "일제의 형사들은 내가 어떤 사람인가 알고 싶어 여러 사람에게 염탐을 하더라고 한다. 그럼에도 불구하고 나는 방안에서 시와 함께 살았다."고

당시를 회고하고 있다. 노산은 조선일보를 그만두고 백운산 밑에서 해방될 때까지 8년간 은거 생활을 하면서 두 차례나 일제에 구금되었다.

노산이 백운산 밑에서 은거하는 중에 조선어학회사건이 터졌다. 일제는 우리 민족문화 말살정책으로 창씨 개명, 신사참배 등을 강요하면서 한글 서적 출판 금지와 함께 1940년 8월에는 동아일보 조선일보를 폐간하기에 이르렀다. 조선어학회사건은 일제가 국학연구의 탄압책으로 조선어학회의 관계자를 민족 운동 단체로 죄를 몰아 투옥한 사건이다. 노산은 백운산 밑에 은거하는 중에 스승 환산과 편지를 주고 받게 되는데, 일제가 환산의 가택 수색에서 발견한 서신에서 노산의 운둔지를 알게 되고, 결국 노산은 체포되어 광양 결찰서에서 고문을 받고 함경도 홍원경찰서까지 이송되게 되었다.

다음날 함경남도 홍원경찰서에 가니 유치장 뒤쪽에는 여러 감방에 한글학회 동지들이 가득 차 우리를 내다보고 있었다. 새로 잡혀간 나는 시멘트 바닥에 깔린 다다미 위에 이은상, 안재홍, 서승효, 장현식과 함께 다섯 사람이 두 개로 쪼개진 길다란 통나무에 다섯 사람이 한쪽다리씩 끼우고 그 통나무에 다섯 양쪽에 자물쇠를 채워 꼼짝 못하게 했다.

이 글은 한글학자 정인섭의 기록이다. 노산은 체포된 지 1년 만인 1943년 9월 18일 기소 유예로 석방되고 다시, 1945년 1월 다시 일제에 의해 광양경찰서에 구금되었다가 광복을 맞아 출옥하게 된다.

이렇듯 노산의 광복 이전의 삶은 오로지 조국과 민족을 위한 삶이었음을 알 수 있다. 일제에 협력하기 않기 위해서 필충문을 쓰고 조선일보를 스스로 사직하고 백운산에 은거하다 조선어학회사건으로 옥고를 치른 것만 보아도 잘 알 수 있는 일이다.

광복 이후 연보를 보면, 1945년부터 호남신문를 창간하고 사장을 지냈고, 1949년 청구대학(영남대학교) 교수, 그리고 1959년부터 충무공 이순신 장군 기념사업회장, 1962년 안중근 의사숭모회장 등을 맡았으며, 1969년 독립운동사 편찬위원장, 1972년 숙명여자대학교 재단이사장, 세종대왕 기념사업회장, 1975년 단재 신채호 선생 기념사업회장, 1976년 백범 탄신 100주년 축전 집행위원장, 충민공 임경업 장군 기념사업회이사장, 1976년 한글학회 회관 건립위원장, 1979년 안중근 의사 탄신 100주년 축전 집행위원장 등 다채로운 이력을 보였다. 광복 이후에도 노산은 오로지 조국과 민족을 위한 일에 헌신했음을 알 수 있다.

3. 노산 문학과 시조

노산은 조국과 민족을 위한 계몽주의자로서 일생을 살았다. 그런 가운데 계몽주의자 노산은 문학의 효용성을 주목한 듯하다.

나는 가난한 사람
그러나 나는 가멸한 사람
누가 날 가난하다는고

내 가슴속은 보지 못하고

내게는

보배가 있다.

나의 조국

나의 시

—「나의 조국, 나의 시」 전문

「나의 조국, 나의 시」 이 시는 노산의 가슴속에는 언제나 조국과 문학(시)이 있었음을 보인다. 문학은 노산의 조국애를 표상하는 그릇이었는지도 모른다.

노산은 그의 가슴속에 뜨겁게 자리하고 있는 조국애를 시, 시조, 수필, 전기, 평론, 금석문 등의 다양한 장르의 문학으로 표출하였다.

그의 주요 저서를 일별해 보면, 『조선사화집(삼국시대편)』 한성도서회사(1931. 3), 『(기행)묘향산유기』 동아일보사(1931. 7), 『노산시조집』 한성도서회사(1932. 4), 『(수필)노방초』 창문사(1935. 10), 『(수필)무상』 정상장학회(1936. 11), 『탐라기행』 조선일보사(1937. 11), 『(기행)지리산』 조선일보사(1938. 10), 『노산문선』 영창서관(1942. 2), 『이충무공일대기』 호남신문사(1946. 3), 『(수필)대도론』 국학도서출판관(1947. 3), 『조선사화집(고려시대편)』 한성도서회사(1949. 10), 『(수필)민족의 맥박』 민족문화사(1951. 11), 『(수필)노변필담』 민족문화사(1953. 8), 『삼원당산고』 대구일보사(1954. 12), 『(가집)조국강산』 민족문화사(1955. 6), 『낙동강문화사론』 부산일보사(1955. 11), 『금계공노인선생사적』 함평노씨종중(1956. 8), 『노산시조선집』 남향문화사(1958. 5), 『노산시문선』 경문사(1960. 2), 『국역주해 이충무공전서(상하)』 충무공기념사업회(1960. 5), 『한국사화야담전집』 동국문화사(1961. 3), 『사임당의 생애와 예술』 성문각(1962. 9), 『(기행)피어린 육백리』 횃불사(1962. 11), 『쌍충사사적기』 고흥쌍충사(1963. 8), 『노산문학선』 탐구당(1964. 10), 『국역야은길선생문집』 고려서적(1965. 8), 『국역주해 일화시문선』 삼학사(1965. 11), 『(기행)산찾아 물따라』 박영사(1966. 8), 『(기행)가을을 안고』 횃불사(1966.12), 『사임당과 율곡』 성문각(1966. 12), 『국역주해 난중일기』 현암사(1968. 3), 『성웅 이순신』 횃불사(1969. 4), 『짧은 일생을 영원한 조국에』 횃불사(1969. 6), 『국역 농포선생문집』 해주정씨종중(1969. 3), 『(시조집)푸른하늘의 뜻은』 금강출판사(1970. 8), 『주해 안중근의사자서전』 안의사숭모회(1970. 10), 『나의 인생관』 휘문출판사(1970. 3), 『태양이 비치는 기로(상하)』 삼중당(1971. 2), 『민족의 향기』 수학사(1973. 10), 『조국강산』 횃불사(1973. 3), 『구미기행』 한국일보사(1974. 9), 『불타성지순례기』 중앙일보사(1974. 6), 『노산산행기』 한국산악회(1975. 11), 『노산시조선』 삼중당 (1975. 1), 『민족운동총서(10책)』 햇불사(1979. 1), 『(시집)기원』 경희대출판국(1982. 4) 등이다.

그의 저서를 일별해 보는 것만으로 노산의 조국애를 느낄 수 있다. 노산의 조국애의 발로인 국토 기행 · 수필, 민족정신을 탐색한 전기, 그리고 금석문 등은 그의 조국애의 발로가 아니면 설명될 수 없는 것들이다.

정력적이고 유려한 필치로 형상화된 노산의 문학 세계는 너무 방대하기 때문에 본고와 같은 짧은 글로서는 담아낼 도리가 없다. 단지, 여기서 잠시 언급하고 싶은 것은 그의 넓고 깊은 문학세계에서도 그의 시조는 백미에 해당한다.

고려말부터 조선조에 이르러 형성된 시조가 오늘날까지 하나의 문학 장르로서 살아 남아 있는 것은 노산을 빼놓고 얘기할 수가 없다. 서구 문명의 거센 물결이 불어닥칠 때 시조는 소실 위기에 직면했다. 이때 「청상민요소고(青孀民謠小考)」(동광, 1926. 11), 「시조창작문제」(동아일보, 1932. 3. 30-4. 10) 등의 시조 문학 이론을 평론으로 발표하면서 한편으로 『노산시조집』 (한성도서회사, 1932. 4)를 발간하여 시조 부흥 운동을 주도한 결과 현대시조가 오늘의 궤도에 이를 수 있게 된 것이다. 여기서 세세하게 기술할 수는 없지만 노산의 시조 부흥 운동도 그의 조국애의 발로였음은 주지하는 바이다.

너라고 불러보는 조국아 너는 지금 어드메 있나
누더기 한폭 걸치고 토막속에 누워있나
네 소원 이룰길 없어 네 거리를 헤메나

오늘 아침도 수없이 떠나가는 봇짐들
어론가 살길을 찾아 헤매는 무리들이랑
그 속에 너도 섞여서 앞산 마루를 넘어 왔나

너라고 불러보는 조국아 낙조보다 더 쓸쓸한 조국아
긴긴밤 가야고 소리 마냥 가슴을 파고드는 네 이름아
새 봄날 도이화 같이 활짝 한번 피어주렴

—「너라고 불러보는 조국아」 전문

「너라고 불러보는 조국아」라는 시조이다.

노산은 분명 민족 시인이다. 그는 평생 조국을 가슴에 품고 문학 작품 속에 조국애를 형상화해 내어 자신의 조국애를 일반인들에게도 고취하고자 한 계몽주의자였던 것이다.

4. 역사의 아이러니

민족시인 노산이 지금 그의 조국에서 홀대받고 있는 것은 역사의 아이러니가 아닐 수 없다. 확실한 근거도 없이 노산이 만선일보에 근무했을 가능성을 제기하며 친일파 운운하며, 해방 이후 친권력 문제를 침소봉대하여 고향 마산에서 노산을 격하시키고 있지 않는가?(2006년)

【참고문헌】

김복근, 『이은상 시조 연구』, 창원대 석사논문, 1998. 8.
金鳳千 편저, 『노산 이은산 선생』,마산창신고등학교, 2002.
노산 이은상 홈페이지 http://www.poet.or.kr/les.
이은상, 『나의 인생관』, 휘문출판사, 1971.

매카시즘과 유치환

1. 참여파의 득세와 친일 논란

일본 역사교과서 왜곡 문제는 '새역사 교과서를 만드는 모임'(새역모)이 1997년 1월 출범하면서 "전후 역사교육은 일본인이 계승해야 할 문화와 전통을 잃어버리고 일본인의 긍지를 빼앗아 왔다"며 "21세기를 살아가야 할 일본의 어린이들을 위해 새로운 역사교과서를 만들어 역사교육을 근본적으로 뜯어고치겠다"고 모임 취지를 밝히면서 본격적으로 시작되었다. 새역모는 2000년 9월 역사 교과서 검정신청을 하면서 일본의 아시아 침략을 미화시키고 황국사관을 강조한 신청본을 공개했다. 당시 후소샤판 교과서는 한국 종군 위안부의 존재를 전면 부인하고 중국 남경 대학살이 날조된 것이라 부인하는 등 왜곡된 역사관을 고스란히 반영하고 있었다. 이런 내용의 신청본이 공개되자 일본의 지식인과 진보 단체들의 왜곡 교과서 반대 시위와 기자회견이 잇따랐고 한국과 북한,

중국, 타이완, 베트남 등 아시아 국가의 시민단체들이 일제히 일본을 성토하고 나선 결과, 결국 후소샤 교과서는 0.039%의 채택률을 보인 것으로 그쳤지만 일본 역사교과서 왜곡에 대한 우리 국민들의 분노는 식을 줄 몰랐다.

더구나 올해 다시 검정을 거친 후소샤판 교과서가 독도 영유권과 창씨 개명 등을 왜곡한 내용을 담고 있다는 사실이 알려지면서 시마네현의 '다케시마의 날' 제정 등 최근 일본 우익 세력의 움직임도 심상찮은 상황이라 우리 국민들의 분노는 극에 달하고 있는 실정이다. 이런 가운데, 일본의 중학교용 교과서 채택 마감이 이 달 말로 다가오면서 이미, 도쿄도 25개교가 후소샤판 교과서 채택을 결정했다.

이 같은 현실은 우리 문단에도 큰 영향을 미치고 있다. 그중 하나는 현실 참여의 목소리를 높이는 문인들이 득세하는 정황이다.

최근 유력 신문 사설 「60년 만에 만든 남북통합문인단체」만 보아도 그렇다. 이 사설은 60년 만에 남북 문인들이 함께 참여하는 문학인단체가 결성됐다는 소식을 전하면서 "민족문학작가회의 소속의 고은, 황석영, 백낙청씨 등 남측 문인 98명이 북측 문인 100여명과 협회 결성을 선언하며 느꼈을 감격은 짐작하고도 남음이 있다."라고 기술하고 있다. 이는 그간 한국문단을 대표했던 '한국문인협회'의 위상이 상대적으로 추락한 것을 감지할 수 있는 대목이 아닐 수 없다.

여기서 중요하게 파생되는 것은 친일 시인에 대한 비판적 접근이다. 일본의 역사왜곡에 대응하는 것 중의 하나가 일제 잔재 청산이라는 등식이 성립되면서, 우리 시단에서도 친일 논란이 곳곳에서 일고 있는데, 이는 민족작가회의와 민족문제연구소, 시민단체 중심으로 진행되는 국면이다.

이런 가운데 각 지방자치단체들이 추진하고 있는 문화예술인 기념사업이 해당 인물의 친일 시비로 줄줄이 파행을 겪고 있다. 노산문학관이 마산문학관으로 명칭 변경이 이루어졌고, 아동문학가 이원수에 대해서는 양산시가 생가복원사업을 추진하던 중 친일행적이 제기돼 역시 논란에 휩싸였고, 함안군도 문학평론가 조연현 문학관 건립을 추진하다 역시 중단했다.

그러나 청마가 친일 논란에 휩싸인 가운데서도 청마문학관이 잘 운영되고 있으며 청마문학상도 그대로 시행되고 있다. 이것은 청마 친일 논란이 어느 일방에 의해서 좌우되지 않는 구조를 지니고 있기 때문이다.

이런 관점에서 본고는 근자의 반일 감정에 편승한 편협한 역사주의적 관점으로 침소봉대시키고 있는 친일 논란을 청마를 중심으로 살펴보고자 한다.

2. 청마의 친일 논란의 두 논점과 학자들의 상반된 입장

지금까지 청마의 친일 혐의 논란은 「首」, 「북두성」, 「전야」 3편의 시가 친일성향을 띠고 있다는 것과 만주에서 협화회에 가입해서 활동했다는 두 가지 주된 논점으로 모아지고 있다.

지난 2002년 4월 11일 경상대학교 인문학연구소(소장 이영석 교수 · 독어독문학과)는 남명학관에서 '경남의 문인들과 친일행적' 이라는 주제로 쟁점학술토론회를 개최하였다. 이 자리에서 박태일 교수는 '경남 문인들의 친일행적' 에 대한 발표를 하면서 청마의 부왜 활동을 지적한 바 있다.

이런 논지는 그의 『경남 · 부산 지역문학 연구 1』(청동거울, 2004)에 구체화되어 나타난다. 유치환은 작품 「首」를 『國民文學』(1942. 3)에, 「前夜」을 『春秋』(1943. 12)에, 그리고 「北斗星」을 『朝光』(1944. 3)에 싣고 있다면서, 이 가운데 부왜와 연관되어 지금까지 사람들의 입에 자주 오르내리던 작품이 「首」라고 지적하고 임종국의 『실록 친일파』(돌베개, 1991)에서 청마 「首」가 "항일하다 죽어 효수당한 '머리 두 개' 를 꾸짖는 친일시"라는 요지의 글을 인용하고, 청마의 『구름에 그린다』(신흥출판사, 1959)에서 "그런데 나는 비굴하게도 그 중에서 후자의 길을 택한 것이었으며"라는 요지의 글을 첨부하면서 그 당시까지 논의되지 않았던 「北斗星」에 대한 부왜 혐의를 지적하고 있다.

이 시에 대해서 박태일은 "다작으로 한결같았던 청마다운 부풀림과 거친 맛이 잘 드러나는 시다."라고 시작하면서 다음과 같이 지적하고 있다.

> 첫 도막과 마지막 도막 사이에 말할이의 개인 심사를 올려, 교묘하게 구체적인 부왜 빛깔에서 비껴나고 있다. 그러나 이 시는 그 두 도막 사이에 제시되어 있는 바와 같이 '대동아공연권' 을 위한 '성전' 이라는 얼개가 끌어잡고 있다. "두병을 재촉해", "동방의 새벽

을 일르키다"가 뜻하는 바를 알아채는 일은 어렵지 않다.

그리고 정작 청마의 부왜와 관련한 더 무거운 문제는 작품 하나 하나에 대한 해석에 머물지 않고 청마가 1940년 가솔을 거느리고 통영을 떠나 이주하여 5년 가까이 머물면서 총무로 일했던 중국 길림성 연수현 '自由移住集團 嘉信興農會'의 성격과 그 실체 해명이 관건이라고 보았다.

한편, 김재용 교수는 『한겨레신문』에 기고한 「유치환의 친일 행적들」이라는 글에서 유치환의 친일 문학에 대한 논란은 주로 「수」라는 작품에 한정되어 이루어지고 있다고 전제하고, 친일이라고 주장하는 쪽에서는 이 작품에 등장하는 '만주국' 정부에 의해 목이 잘린 '비적'이 북만주 지역에서 항일운동을 하던 사람이라고 하는 반면에, 친일이 아니라고 주장하는 쪽에서는 이 '비적'은 단지 토비에 불과하기에 「수」에서 비적에 대한 비난은 당연한 일이라는 입장에 대해서, 「수」라는 작품에 등장하는 '비적'이 항일운동가인지 토비인지는 불확실하기 때문에 이 작품을 갖고 친일 여부를 가리는 것은 현실적으로 어렵다고 지적했다.

그러면서, 오히려 유치환의 친일 여부에서 중요한 의미를 갖는 것은 작품 「수」가 아니라 「전야」와 「 북두성」이라는 것이다.

〈전야〉는 학병의 지원을 촉구한 작품으로 유치환의 친일 행적을 가장 잘 보여준다. "화려한 새날의 향연이 예언"되는 역사의 전야에 조선 출신의 학병들이 정복과 승리의 노래를 불러야 한다는 취지의 이 시는 당시 학병 특집으로 마련된 〈춘추〉 1943년 12월호에 발표되었다. 1943년 10월 20일 학도병 동원을 알리는 규정이 나오자 〈춘추〉는 11월호에는 학도병으로 참가하는 학생들 자신의 글을, 12월호에는 학도병 참여를 권유하는 글을 특집으로 마련했다. 바로 이 〈춘추〉 12월호에 유치환의 〈전야〉가 실린 것이다. 또한 일제 말 유치환과 함께 시작 활동을 했던 오장환이 해방 직후 〈민족주의라는 연막〉(〈문화일보〉 1947년 6월 4-6일)에서 청마를 두고 과거 학병 출정 장려시를 썼던 시인이 어떻게 민족주의를 운운할 수 있는 자격이 있는가 하고 비판했던 것도 이 시를 가리킨 것이다. 1944년 4월 〈조광〉에 실은 시 〈북두성〉은 〈전야〉의 연장선에 있는 작품이다. "아세아의 산맥 넘어서/ 동방의 새벽을 일으키다"로 끝나는 이 작품은 서구 근대를 극복한 대동아공영권의 수립을 축원하는 시이다.

위의 지적과 함께 또한 청마가 협화회에 근무하였다는 것 자체가 곧 바로 친일의 근거가 될 수는 없지만 「전야」와 「북두성」을 고려하면 협화회에 근무했다는 것은 친일행적의 한 정황 증거가 될 수 있을 것이다라는 입장이다.

김재용의 위의 논거로 청마 친일 혐의가 굳어지는 듯했으나, 홍정선 교수의 반론이 나오면서 청마 친일 혐의는 원점으로 돌아가게 된다.

홍정선은 2004년 10월 2일 통영시민문화회관에서 있었던 청마 추념 편지쓰기대회 기념 강연에서 청마의 친일 의혹을 명백하게 부인했다. 청마의 친일 논란의 두 가지인 「수」를 포함한 「북두성」,

「전야」 3편의 시가 친일성향을 띠고 있다는 논란과 만주 협화회에 가입을 친일 정황으로 보는 관점에 대해서 쐐기를 박은 것이다.

먼저, 「수」에 등장하는 비적이 "혹시 망명한 항일 독립군이었을지도 모르고, 일본의 괴뢰인 만주국에 항거하는 중국의 망명군이었을지도 모른다"는 가능성 때문에 장덕순 교수가 1963년 『세대』에 제기한 것이 친일 의혹의 단초인데, 홍정선은 이 시의 배경이라고 할 수 있는 북만주땅, 현재의 '연수현 가신'이라는 곳을 직접 답사하여 살펴왔지만, 당시 북만주땅은 개척시대의 미국서부와 유사한 곳으로 무법자, 부랑인, 개척자들이 복잡하게 섞여 살고 있었던 곳이었다는 것이다. 청마가 거주했던 당시 그 지역에는 독립군이 없었다는 사실과 비적들이 자주 출몰했다는 사실을 상기하면 이는 단순한 추측에 불과하다는 것이다.

「전야」의 "우러러 斗柄을 재촉해/아세아의 산맥넘어서/동방의 새벽을 일으키다"라는 구절을 대동아 공영권 수립을 축원한 것이라고 보는 해석도 앞에 놓인 시의 맥락에서 볼 때 억측에 지나지 않다는 관점이다. 만약 그렇게 읽을 수 있다면 우리나라의 해방으로 읽는 것도 충분히 가능하다는 것이다. 「전야」가 학병 특집과 상관이 없다는 것은 이 잡지에 수록된 유치환, 권환, 김종환 등 세 명의 시가 서로 다른 주제로 노래하고 있으며 함께 나란히 묶여 있지도 않다는 사실에서 드러난다는 것이다. 「북두성」도 그냥 북두성을 보고 지은 것으로 자의적으로 해석하는 것을 경계했다.

그리고 당시 만주로 이주해 살던 사람들의 경우 모두 협화회 세를 냈다는 사실과 1940년대 초에 4만 6,000명의 조선인이 가입했다는 사실을 알아야 하고, 협화회 직원이라는 주장은 친구 김소운이 '조선시집'에 기록한 것 이외에 현재까지 공식적으로 정확한 기록이 밝혀진 것이 없다는 것이다. 만약 청마가 협화회에 적극 가담을 했다면, 당시 우리나라 문인들이 관동군 위문을 위해 만주를 많이 찾았을 때, 청마도 참가했을 것이라는 준거로 청마가 여기에 참가했다는 기록은 그 어디에도 없는 것을 들어 협화회 직원으로 적극 근무를 했다는 것은 사실 무근이라는 입장이다. 따라서 청마는 요즘 우리가 '적십자회'에 가입하듯이 단지, 협화회에 가입했을 뿐, 그 이상의 의미는 없다는 것이다.

이상의 논의는 학자가 학문적 양심에 따라 친일 문제를 소신껏 피력하는 것으로 학문의 자유영역에 속하는 터로 누구에게라도 시비 거리가 될 수는 없을 것이다. 그렇더라도 편협한 역사주의적 시점에서 자의적으로 해석하여 청마에게 친일 혐의를 부가하는 것은 위험한 발상이라고 보여진다.

3. 매카시즘

청마의 친일 논란의 전면적 부상은 통영문인협회에서 미국 L.A 도산 안창호 우체국 개명에 착안하여 통영을 전국에 알리는 일환으로 현 통영중앙동 우체국을 청마우체국으로 개명하자는 건의를 2004년 5월 통영문인협회가 정보통신부에 건의하면서 촉발되었다. 통영우체국은 청사를 늘려 통영시 무전동으로 이전했고 현재는 그 자리를 1층만 통영중앙동우체국으로 활용하고 있다.

중앙동에 있던 통영우체국은 청마 유치환 「행복」에 나오는 우체국이다. 이 우체국이 청마가 당시 통영에서 이영도에게 5천여통의 연서를 보냈던 유서 깊은 현장으로 알려진 것은 1967년 청마가 교통사고로 갑자기 세상을 떠나자 이영도가 그해 그동안 청마로 부터 받은 시와 편지를 모은 서간시집 『사랑했으므로 행복하였네라』를 간행해서 베스트 셀러가 되면서부터다.

통영문협의 청마우체국 개명에 대한 논의가 5월 8일 통영의 『한산신문』에 의해 특종 보도된 이후 전국 일간지와 라디오, TV 등에 널리 보도되면서 탄력을 얻게 되었다. 청마우체국 개명은 매스컴의 집중적인 관심과 아울러 범시민운동으로 확산되었다.(2005년)

【참고문헌】

김재용, 「유치환의 친일 행적들」, 『한겨레』, 2004. 8. 6
박태일, 『경남 · 부산 지역문학 연구』, 청동거울, 2004.
홍정선, 「청마의 문학과 삶」, 청마 추념 편지쓰기대회 기념 강연, 2004. 10. 2.

김수돈의 로맨티시즘

1. 김수돈이 제대로 조명 받지 못한 이유

김수돈은 한국을 대표하는 시인들인 조지훈, 박목월, 박두진 등과 함께 1939년 『문장』지로 정지용의 추천을 받은 시인이다. 또한 그는 김춘수와 함께 릴케의 시초 『憧憬』을 공동 번역하기도 했다. 그리고 생전에 『문예』, 『현대문학』, 『문학예술』, 『사상계』 등 주요 지면에 작품을 매우 활발하게 발표했고, 작고 1주기에 『현대문학』에서 그의 회고담이 게재될 만큼, 그는 적어도 생존 당시에는 매우 중요한 시인으로 평가받은 것을 알 수 있다.

그런데 그와 함께 활동했던 세칭 청록파로 일컬어지는 문장지 출신인 조지훈, 박목월, 박두진이나 무의미시로 이름이 널리 알려진 김춘수와는 달리, 김수돈은 우리 시단에서 잊혀진 존재로 지역 문단에서 간혹 거론되는 정도가 되었다.[1)]

작고 이후 김수돈이 제대로 조명 받지 못한 이유는 무엇 때문일까?

무엇보다 그의 시적 경향이 문제가 된 것으로 보인다. 즉, 그는 20년대 백조파가 보여준 퇴폐적 낭만주의 전통을 계승하고 있는 것이다.[2)]

우리 현대시에서 한국의 낭만주의는 주지하는 바와 같이 20년대의 퇴폐적 낭만주의의 경향으로 뚜렷한 족적을 남겼다. 그것은 백조파를 필두로 세기말 의식과 3 · 1운동의 실패로 인한 좌절감을 바탕에 깔고 허무, 좌절, 울분 등의 감성적 분출로 드러났다. 그러나 퇴폐적 낭만주의는 지나친 감정 분출로 심미성을 훼손한 것으로 판단되어 30년대 주지주의 계열의 모더니즘 시인들 등에 의해서 비판을 받고, 우리 시단에서 퇴폐적 낭만주의는 매우 위축되면서 시단의 주류에서 밀려난 것이다.

김수돈이 우리 시단의 주류를 이루고 있는 모더니즘 시나 현실주의 시 계열을 계승하기보다는 20년대 퇴폐적 낭만주의를 계승

---

1) 김수돈에 대한 평가는 조병무가 1967년 『현대문학』 9월호에 1주기를 맞아 생전의 그의 삶을 회고한 「우수의 황제 김수돈-그 1주기에-」와 권도현이 1978년 그의 평론집 『권도현평론집』에 초회 추천작을 중심으로 살핀 「김수돈론」이 있고, 80년대 후반 이후 신상철, 강희근, 전문수, 이성모 등이 지역 문예지나 지역 논문집에 발표한 글이 다소 있을 뿐이다. 그간의 연구 결과는 김수돈은 대체로, 꽃과 여인의 이미지를 중심으로 '우수의 황제'가 환기하는 황홀한 우수와 회한, 그리고 가난과 권태 등의 무기력 삶을 드러내면서 비유 구조의 단순성과 함께 지나친 센티멘털리즘에 떨어진 것으로 평가 받았다. 이 같은 시세계는 실생활에서의 무절제한 주벽과 애정 행각과 관련지어져서 더욱 부정적으로 인식되었다.

2) 김수돈은 1917년 마산 오동동 출신으로 1939년 5월 『문장』을 통해 「소연가」, 「고향」이 정지용 추천으로 초회천을, 같은 문예지에 그해 10월 「冬眠」, 「駱駝」로 같은 시인에 의해 추천 완료되어 등단했다. 그때 그의 나이가 22세였으니 청년 시인으로 매우 화려하게 시단에 진입한 것이다. 그는 1936년 일본 나고야 중학교를 졸업하고 마산 창신학교 교사 노릇도 하고, 1939년 다시 동경 일본대학 고사부 수신공민과로 유학을 하는 등 신교육의 세례도 일찍이 받았다. 1942년 대학 중퇴 후에는 귀국하여 경남여자중학교, 동래중학교, 진해고등학교, 마산제일여고 등 부산, 경남 지역에서 교편을 잡았고, 1960년부터 1966년 타계하기까지는 마산대학(현 경남대학교) 강사 생활을 했다. 이처럼 신교육도 받고, 교직 생활도 했기 때문에 안정된 생활을 얼마든지 영위할 수 있었지만, 스스로 무절제한 생활로 파탄의 길을 간 것은, 20년대 『백조파』류의 지식인들이 그랬듯이, 시대와 삶에 대한 절망적 포즈를 보인 것으로 이해할 수 있는 것이다.

한 시인이기 때문에 그의 시도 주변부로 밀려난 것은 아닐까.

2. 시대와 삶의 절망적 포즈

한국 시사를 살펴보아도, 정치판의 권력 투쟁과 다를 바가 없다. 이것은 어쩔 수 없는 노릇이 아닌가 한다. 생명이 있는 집단에서는 어디서나 작용하는 것이 약육강식의 논리다.

김수돈이 퇴폐적 낭만주의라는 버려진 시적 유산을 선명하게 계승한 데서 그의 시적 불행은 시작된 것이라고 하면, 김수돈은 분명 줄을 잘못 선 셈이다.

그러나 과연 백조파류의 낭만주의가 주지주의적 모더니즘 계열의 시론가들에 의해 퇴폐적 낭만주의라고 운위될 만큼 폄하되고, 그들의 시가 버려져야 할 유산으로까지 치부되어야 하는 것일까?

꼭 그렇지만은 않다. 낭만주의는 현세를 불완전한 실체로 보기 때문에 현실 저편에 대한 동경, 주관적 감성, 풍부한 상상력 등이 주조를 띠면서 고전주의에 대한 반동 의식의 발로로 나타났다. 따라서 낭만주의는 이성 중심의 격식과 질서보다는 감성 중심으로 세계를 인식하는 것이다.

백조파를 필두로 『폐허』, 『장미촌』 등은 유미주의, 퇴폐주의, 감상주의 등의 경향을 드러낸 20년대 한국의 로맨티시즘으로 3 · 1 운동 실패 이후 암울했던 시대적 분위기를 반영함으로써 나름대로 일제 시대에 대응한 감성 중심의 시적 포즈를 선명하게 보여준 것이다. 『백조』 2호에 발표한 「오호(嗚呼) 아(我) 문단」에서 "이때의 문학의 주조가 '낭만'과 '상징', 그리고 '데카당'에 흐르게 된 것은 정치적으로 압박을 받게 되는 환경 속에서 있고, 또한 3·1운동을 치른 뒤에 오는 절망적인 길로 우리의 젊은 문인을 끌고 들어가게 만들었으니 모두 다 한이요, 애수요, 자포자기요, 유미 탐구뿐인 것이다"라고 박종화가 지적한 것은 『백조』파의 시적 경향을 잘 반영하는 것이다. 박종화가 말하는 '애수', '자포자기', '유미 탐구'는 바로 식민지 지식인의 절망감의 포즈였던 것이다. 이처럼 백조파를 필두로 한 퇴폐적 낭만주의가 시대고에 절망하면서 정서의 과잉과 파탄을 드러낸 것은, 일제 시대에 대응한 젊은 지성들의 내면 의식의 상징이었던 셈이다. 이 같은 경향은 그 암울한 시대에 누군가는 분출해야 하는 비탄과 탄식의 로맨티시즘, 즉 절망적 시대 인식의 한 포즈라 할 것이다.

이런 관점에서라면 김수돈이 일제 말기와 광복혼란기, 그리고 전쟁을 겪으면서 드러낸 시적 포즈 역시, 시사적으로 매우 중요한 의미를 지니는 것이다.

김수돈은 『문장』 추천 작품군에서부터 낭만주의적 경향을 뚜렷이 드러낸다.

故鄕은
노고지리가 초록빛 꿈을 꾸는
하늘을 가졌다.

—「故鄕」 부분

달 밝은 밤일수록
駱駝는 잠자-코
걸어간다

어딘들 슬픔이 없으랴
눈물은 울대에서
머금어 도로 삼키고
타박 타박 모래만 밀고

길게 목을 들어
한숨 쉬는 것

駱駝는
오직 하나인 感傷을
가졌다

—「駱駝」 전문

지금은 다시 돌아 오렴
열리인 窓앞을 쫓는 제비같이
너도 나를 찾아 오라

—「召燕歌」 부분

街路엔

葬禮式의 긴 行列이
오고 가고 바쁠 뿐

暖房의 유리窓은 아름답고
紫色 눈 뿌리는 超然한 바다도
多情한 듯 그리웁다

눈물 머금어 울어 보지못하는
冬眠의 삶은
괴롭다

—「冬眠」 전문

김수돈이 시인으로 출발하는 초기 추천 작품군에서 낭만주의 시적 전형성을 읽을 수 있다. 그가 인식하는 세계는 「冬眠」에서처럼 비극적이다. 삶의 현장인 거리의 풍경이 "街路엔/葬禮式의 긴 行列이/오고 가고 바쁠 뿐"이라고 그려지고 있지 않는가. 식민지 백성으로 살아가는 시대 현실은 비극적일 수밖에 없지 않았겠는가. 그가 처한 곳이 어디이든 일제 말기를 살아가는 현실은 말이 살아 있는 것이지, '冬眠'과 뭐 다를 것이 있었겠는가. 「駱駝」에서는 '시대 의식'이 '사막'으로 형상화된다. 화자가 처한 현실은 '사막'에 다름 아니었던 것이다. 그래서 그 암울한 시대를 살아가는 존재 의식은 '駱駝'의 이미지로 표상되고 있다. 그런데, 그 '낙타'는 슬픔, 눈물이 글썽한 감상주의자로 나타나는 것은 주목을 요한다.

"駱駝는/오직 하나인 感傷을/가졌다"라고 노래하는 데서, 그 '낙타'가 바로 감상에 젖어 있는 낭만주의자 김수돈의 표상임을 드러낸다고 보아도 좋다.

낭만주의자인 김수돈이 바라보는 현세가, 일제라는 불완전한 실체로 드러났기 때문에 그는 현실 저편을 동경할 수밖에 없었을 터이다. 「故鄕」에서는 "故鄕은/노고지리가 초록빛 꿈을 꾸는/하늘을 가졌다."라고 고향을 동경하며, 「昭燕歌」에서는 女人을 동경하는 것으로 나타난다.

김수돈의 초기작부터 낭만주의자로서의 뚜렷한 시적 특성을 드러낸 것이다. 현실에 안주하지 못하는 '낙타'의 이미지는 김수돈의 존재 인식에 다름 아니다. 그가 '고향'이나 '女人'을 동경하는 것도 우연이 아니다.

이 같은 시적 경향은 그가 두 권의 시집과 말년의 시작품에서 더욱 심화되면서 비현실적 세계를 탐닉하는 로맨티시즘을 드러낸 것이다.

뫼 봉오리
드높은 힌 구름 보고 가는데
소나무 더욱 푸르다

玩月이라 瀑布를
낭떠러져서 쏟는 물이
銀河라 九千尺가

구름다리 휘어잡고

조심조심 내려가는 치맛자락이

孔雀인양

燦爛하다

맑은 대낮에

햇빛 쪼이지않는 돌방석

돌베게 베고 누워

기울 듯 아롱아롱 몰래 조울면

뭇새 우는 소리 꿈나라 玲琅하다

—「玩月瀑布」 전문

완월 폭포에서 맑은 대낮에 햇빛 쪼이지 않는 돌방석에서 몰래 졸고 있는 화자의 모습은 비현실적이고 몽상적이고 낭만적인 김수돈의 시와 삶을 잘 보여준다. 일상인이라면 대낮이라는 시간대에는 한창 일할 현실공간 속에 위치하고 있을 텐데, 화자는 흰 구름과 소나무를 완상하며 또한, 구름다리 잡고 조심조심 내려가는 여인의 치맛자락을 보며 孔雀인양 찬란하다고 노래하면서 꿈나라로 옮겨가는 것이다.

말 한마디 건니고저 절 중을 찾았더니

중은 철 아닌 桃花나무 그늘에 꽃을 밟고 섰더라
행여 杜鵑이 우짖을가 귀 기울여도 보았으나
眼下 峯峯에 솟는 新綠의 훈훈한 樹香만
閑暇로운 黃昏에 싸여 끝 없이 흘려갔다.

—「元庵」 부분

이 작품도 김수돈의 시적 경향을 잘 드러낸다. 절을 찾는 데서도 종교적이라기보다는 낭만적이다. 절에서도 杜鵑이 우짖을까 귀를 기울이며, 꽃을 밟고 섰는 중의 모습을 응시하는 데서 그의 낭만적 성향을 잘 드러내고 있지 않는가.

낮 선 異域 거리
방울소리 영롱한 꿈속 搖籃에서
비 맞고 있노니

초라한 머리카락의 모습이
마치 새양쥐 같다고 놀리는
새악씨 있더라

葡萄알처럼 豊盛한 젖가슴에
머리를 파묻고
울면 울면

내 삶의 구슬픈 노래들
배암이 되어
꽃무늬 그리노라

—「花紋」 전문

'꽃'과 '여인'이라는 김수돈 시의 지배적 이미지리가 드러나는 작품이다. 이 작품은 김수돈의 낭만주의 시학의 원리를 매우 선명하게 드러내는 것이다. 화자가 처한 곳은 낯선 異域의 거리다. 김수돈 시의 화자의 주된 경향의 하나가 현실 공간에서 떠나 유리하는 존재로 드러나는데, 이 '낯선 異域의 거리'는 바로 김수돈 시의 화자가 거처하는 전형적 공간인 셈이다. 화자는 현실 공간이 아닌, 비현실 공간에 처해 있으면서 만나는 이가 '새악씨'라는 점도 그의 로맨티시즘의 전형성을 드러낸다. 여기서 새악씨는 화자의 슬픔을 토해내는 대상이 된다. 화자는 葡萄알처럼 豊富한 젖가슴에 머리를 파묻고 울고 있지 않는가. 그 울음은 삶의 구슬픈 노래가 되는데, 이 노래가 화자의 시적 등가물이라면, 내 삶의 구슬픈 노래들이 배암이 되어 몸에 그린 꽃무늬, 곧 花紋이야말로 김수돈 시의 미의식의 표상이 되는 것이다. 따라서 '花紋'은 김수돈의 로맨티시즘의 상징의 하나가 되는 셈이다. 김수돈의 시는 아름답지만 때로는 위악적이지 않은가.

맑은 대낮에

촛불 하나 켜 보면
초만 닳고

빛 없는 노래

아네모네는 情다운 愛人
紫色에 짙은 것은 憂愁夫人

구름과 詩와 꿈
食慾이 없는 饗宴에서

언제부터 가진 버릇인지 모르는
나의 秘方의 酒癖이여

知識도 理性도 斷絕된 世界意識에서
戰爭을 노래모양 외운다
英雄이 너무 많다

絕海 가운데 외로운 섬에 살아
歷程을 되씹는 皇帝가 되랴.

—「憂愁의 皇帝」 전문

이 작품은 김수돈의 시 의식이 집약적으로 드러나는 것으로 더욱 주목을 요한다. 우수, 아네모네, 애인, 주벽, 구름, 시, 꿈 등의 시어는 그의 정서적 등가물이며 상징어다.

맑은 대낮에 촛불 하나 켜 보면 초만 닳고 빛 없는 노래가 된다고 노래하는 것에서 그의 시대에 대한 절망 의식이 뚜렷이 드러난다. 어쩌면 이는 그의 시에 대한 좌절감이라고 보아도 좋다. 한 편의 시가, 예술이 시대를 더 이상 밝힐 수 없다는 절망감이 짙게 배어 있지 않는가. 智識도 理性도 斷絕된 世界意識이라고 인식하는 데서도 당시의 시대에 얼마나 절망했는지 알 수 있다. 하물며 戰爭을 노래 모양 외우는 英雄이 많은 시대에서 지식인인 시인 자신의 존재 의미는 어디에서 찾을 수 있었겠는가.

그래서 아네모네, 곧 여성적 이미지에서 위안을 찾기도 하고, 또한 구름과 꿈과 등가를 이루는 낭만적인 시를 좇기도 한 것이 아닌가.

그에게 현실은 食慾이 없는 饗宴 같아서 酒癖을 부릴 수밖에 없었고, 결구에는 絕海 가운데 외로운 섬에 살면서 憂愁를 되씹은 皇帝가 되고자 한 것이 아니겠는가.

시대에 삶에 절망한 시인은 술과 여성 편력 등으로 스스로를 학대하고 스스로를 병들게 한 것이다. 매춘 소녀의 슬픔을 드러내는 「暮春花房」, 다방 풍경, 금붕어, 미쓰김 등의 시어가 보이는 「어떤 風景들」, "색시하고 잤으면 죽어도 좋겠다"는 위악적인 탐미주의자의 모습인 「春眠」, 비현실주의자의 전형성을 보이는 「室內樂」 등과 같은 퇴폐적이고 위악적인 모습을 보이는 그의 많은 작품들이 궁극적으로는 시대에 대한 김수돈의 절망의 포즈에 다름 아닌 것이다.

광야에 홀로 나 선
한 사람이 있다.

日月과 星辰은
그의 周圍에 있다.

소소한 바람과
슬픔에 싸여서 나리는 비와

아득히 먼 시간을 오고 가는 그림자와
또 헤아리지 못한 悔恨들

한 포기의 꽃이 되고
한 그루의 나무가 되고

路傍에서는 굴러져 있는 돌맹이
太古로 있는 江과 山

〈거기에 누가 머뭇거리다 지나 간다〉
〈거기에 누가 속삭이다 지나 간다〉
〈거기에 누가 외치다 지나 간다〉

〈거기에 누가 웃음치고 지나간다〉

때로는 허울이 되고
때로는 알맹이가 되고

이웃이 되었다가 내가 되고

내가 되었다가 이웃이 되는 것

아 그렇게 흘러간 歲月에
또 새로운 歲月이 온다.

—「또 새로운 세월이 온다」 전문

이 작품은 후기에 속하는 것으로 화자의 회한이 짙게 풍긴다. 흐르는 세월의 무상함에 쓸쓸한 정조를 드러내는 것이다.

'속삭이고', '외치고', '웃음치고' 등처럼 생의 온갖 신산을 다 맛보면서 시대와 삶의 고통스럽고 절망적인 포즈를 '꽃', '여인'의 로맨티시즘으로 형상화했던 한 시인의 회한이 광야에 홀로 나선 자의 캐릭터로 쓸쓸하게 오버랩되고 있지 않는가

3. 재평가되어야 할 김수돈의 로맨티시즘

김수돈은 우리 시단에서 맥이 거의 끊어진 퇴폐적 낭만주의 시

적 경향을, 해방과 전쟁 전후의 절망적 시대와 삶의 포즈로 재현해 낸 시인이다.

백조파류가 절망했던 20년대와 하등 다를 바 없었던 좌우 이데올로기의 대립의 해방공간, 피비린내 나는 전쟁의 50년대, 4 · 19 의거와 5 · 16군사 혁명의 격변기를 거치면서 누군가는 시대와 삶의 절망적 포즈를 시적으로 형상화하는 시인이 있어야 했는데, 김수돈이 고독하게 그 일을 온몸으로 감당한 것이 아닌가 한다. 이런 관점에서 시대와 삶의 절망적인 포즈인, 김수돈의 로맨티시즘은 이제 재평가되어야 할 것이다.(2005년)

【참고문헌】

권도현, 『권도현평론집』, 문성출판사, 1978.
조병무, 「우수의 황제 김수돈-그 1주기에-」, 『현대문학』1967. 9.

김상옥의 유토피아

1. 서론

초정 김상옥은 1920년 5월 3일 경남 통영읍 항남동 64번지에서 태어나 2004년 10월 31일 향년 85세로 별세했다.

초정은 1932년 13세에 통영보통학교 교지 『여황의 綠』에 동시 「꿈」을 발표했고, 1934년 금융조합연합회 신문 공모전에 동시 「제비」가 당선되었다. 1936년 17세 때 조연현과 시지 『芽』 동인 활동을 했고, 1938년 19세 때 김용호, 함윤수 등과 함께 『貊』동인 활동을 했는데, 여기에 임화, 서정주, 박남수, 윤곤강이 합류했다. 1939년 20세 때 『문장』(10월)에 시조 「봉선화」가 가람 이병기의 추천을 받았고, 같은 해 11월 15일 『동아일보』 제2회 시조공모에 「낙엽」이 당선되었다. 이처럼 초정은 자의식이 형성될 소년기부터 시와 인연을 맺어서 85세로 별세할 때까지 시와 한길을 걸어왔고, 그만큼 현대시사에서 큰 성취를 이룬 시인이다.

그러나 초정에 대한 연구는 일천한 형편이다. 이는 초정이 노년기에 접어들면서도 시 창작을 쉬지 않고 지속하면서 그의 시세계가 지속적으로 확장되고 있었기 때문에 총체적인 연구가 이루어지기 힘든 국면도 없지 않았지만, 초정이 시조시인으로 널리 알려졌기 때문에 이은상의 관념적 특성과 이병기의 사실적인 청신한 감각성을 융합하여 현대시조의 맥을 이어서 현대시조를 확립했다는 시조문학사적 의의만 부각되었을 뿐 그의 시와 시조 전반에 걸친 연구가 부실하였다.[1] 따라서 학위 논문은 미미하고 문예지에 발표된 평론 같은 소론들 위주로 피상적인 연구가 지금까지의 초정 연구 실상이다.[2] 그나마 이들 중에서 최현주의「인고와 도야로 이룬 육탈의 미학-김상옥론」은 초정에게 달려 있는 시조시인이라는 명패를 걷어냄 혹은 다시 읽음으로써 그의 시가 지닌 본령에 접근하고자 하는 의도를 지닌 것이다. 이 논문은 초정의 시세계를 4기로 나누어 1기는 활동 초기부터 시집『草笛』(1947)이 간행된 시기까

1) 1920년대 프롤레타리아 문학에 대응하는 민족 문학으로서의 시조에 가치를 두고 시조 부흥 운동을 일으키려고 노력한 육당 최남선, 가람 이병기, 노산 이은상, 조운 조주현 등을 이어 초정 김상옥, 월하 이태극, 백수 정완영 등이 현대시조의 맥을 이어오고 있다. 그런데, 최남선을 필두로 100년이 가까운 현대시조의 연구 결과를 보면, 미진한 바인데, 그나마 개화기 시조와 육당, 가람, 노산 등의 현대 초기 시조 연구에 많은 부분이 할애되었다. 金珉延,「現代時調의 故鄕性 研究-金相沃, 李泰極, 鄭椀永을 中心으로-」, 성균관대 박사논문, 2003, pp.7-8.

2) 2005년 9월에 간행된 김학동 외 9인의『한국전후 문제시인 연구 02』(예림기획)에 발표한 논문 최현주의「인고와 도야로 이룬 육탈의 미학-김상옥론」에서 초정에 대한 연구사를 정리한 것을 보면, 학위 논문 1편(羅在均,「金相玉 時調 研究」, 한국교원대대학원 석사논문, 1998. 2)과 소논문 4편(신용대,「김상옥 시조 연구」,『충북대학교 국문학 논문집23』, 1982, 임선묵,「초적고」,『단국대 국문학논집』, 1983. 11, 정혜원,「김상옥 시조의 전통성」,『한국현대시가연구』(일지사, 1983), 유성규,「초정 김상옥의 시세계」,『시조생활』(1989. 여름))이다. 최현주 논문의 연구사에 누락된, 공동 연구로 金珉庭의 앞의 논문과 부분적으로 다룬 것으로는 오성희,「현대시조의 공간 연구」, 동아대 박사논문, 1991, 주강식,「현대시조의 양상 연구」, 동아대 박사논문, 1990, 洪性蘭,「시조의 형식실험과 현대성의 모색 양상 연구」, 성균관대 박사논문, 2004. 10 등과 문예지 등에 발표된 평론이 더러 있다.

지, 2기는 『草笛』에 연이어 『故園의 曲』(1949), 『異端의 詩』(1949)가 발간된 시기, 3기는 『衣裳』(1953), 『木石의 노래』(1956)가 출간된 시기, 4기는 『삼행시』(1973)를 포함해 『墨을 갈다가』(1980), 『향기 남은 가을』(1989), 『느티나무의 말』(1988), 『눈길 한번 닿으면』(2000)에 이르는 시기로 구분하면서, 초정 시가 현실의 고통과 그에 대한 고뇌, 번민, 분노에서 태생한 초정의 삶과 시는 시인으로서의 어긋남이 없다고 전제하고, 그러한 고통에 대한 끊임없는 인내와 자기 다짐의 연속 속에서 끝내는 참음과 버림, 육탈의 미덕을 발견하는 그의 삶의 궤적, 즉 '인고와 도야로 이룬 육탈의 미학' 으로 규정하였다.[3] 그러나 이 논문 후미에 초정 연보가 2001년으로 머문 것으로 보아 아직까지 초정의 작품 활동이 지속되던 생전에 그의 시세계가 구분되고 또한 평가된 것으로 보인다.

초정이 2004년 별세하고 1주기를 맞이하여 이어령 외 35인이 쓴 초정 김상옥 시인의 삶과 사랑과 예술을 추억한 『그 뜨겁고 아픈 경치』(고요아침, 2005. 10)가 발간되었고, 또한 같은 시기에 민영이 엮은 『김상옥 시전집』(창비, 2005. 10)이 나왔다.

이제 초정 연구가 본격적으로 이루어질 수 있는 계기가 마련된 가운데, 본고에서는 『김상옥 시전집』을 텍스트로 하여 그의 시세계를 3기로 구분하여 초정 시세계의 본령을 재조명해 보도록 하겠다.

3) 최현주, 앞의 논문.

2. 思鄕과 전통 문화

초청의 첫 시조집 『草笛』(1947)은 고향, 자연과 전통 문화 유산, 민족 문화에 대한 탐색이 돋보인다. 특히 그의 고향 의식은 자별하다. 초정 시 전반에 걸쳐서 드러나는 주요 모티브는 유토피아인데, 첫 시조집에서는 유토피아적 고향 의식이 두드러지는 것이다.

눈을 가만 감으면 굽이 잦은 풀밭길이
개울물 돌돌돌 길섶으로 흘러가고
白楊숲 사립을 가린 초집들도 보이구요.

송아지 몰고 오며 바라보던 진달래도
저녁 노을처럼 山을 둘러 퍼질 것을
어마씨 그리운 솜씨에 향그러운 꽃지짐!

어질고 고운 그늘 멧남새도 캐어 오리
집집 끼니마다 봄을 씹고 사는 마을
감았던 그 눈을 뜨면 마음 도로 애젓하오.

—「思鄕」 전문

화자는 고향을 회상하고 있다. 눈을 가면 감으면 굽이 잦은 풀밭길과 개울물 돌돌돌 깂섶으로 흘러가고 白楊숲 사립을 가린 초집들도 보인다. 계속적으로 이어지는 것은 고향의 아름다운 풍경과 고향에 대한 정과 어머니에 대한 그리움이 절절하게 드러난다. 눈을 뜨면 마음이 애젓하다고 노래한다.

초정은 1936년 17세 때 「무궁화」라는 제목의 시를 발표하여 일경의 감시를 받기 시작하고 결국 윤이상 등과 함께 체포되었고, 18세 때에는 일경을 피해 넷째 누나 부금이 살던 두만강구 근처의 함북 웅기로 간 뒤, 서수라, 아오자 등지를 전전하며 유랑한 체험이 있다.[4] 그리고 19세 때 함북 청진의 서점에서 일하면서 본격적으로 시작 활동을 한 바, 20세까지 고향을 떠나 유랑인으로 살았고, 21세에 통영으로 귀향한 것이다. 『草笛』에 수록된 「思鄕」도 이런 타관 체험의 흔적을 엿볼 수 있는바, 타관에서 유랑하며 그리워하는 고향은 현실의 고통이 제거된 유토피아적 속성을 띤다.

내 한때 두만강가 邊氏村
고향을 묻길래 統制使 營門이던 통영
진사립 자개장롱 나는 곳이래도 모르데요.

아메야 에미네야 웃음이 마구 터지는데
가시내 이 문둥이 말끝마다 흉을 봐도
비빕밥 꽃지짐 얘기는 숨도 없이 듣던데요.

4) 첫 시조집 『草笛』에 수록된 「囹圄」라는 시조에는 수감 당시의 심정을 잘 드러내고 있다. 초정은 일제에 세 번이나 체포되었지만 한 번도 정식 재판을 받지 않아서 기록은 남아 있지 않다. 초정은 통영경찰서 미결감에서 겪었던 옥고 이야기를 하면서 "나는 독립투사도 아니고 애국지사도 아니었다. 이 땅의 젊은이로서 시대의 아픔을 함께 했을 뿐이다. 애국지사나 독립투사들의 희생에 비하면 내 고생은 아무것도 아니었다."처럼 자신의 옥고를 내세우지는 않았지만, "왜놈이 싫어서 왜놈 말은 배우지 않았다"고 할 만큼 그의 민족 의식은 젊은 시절부터 그의 성품처럼 올곧았다. 김재승, 「초정 김상옥 선생님과의 반세기」, 초정기념회, 『그 뜨겁고 아픈 경치』(고요아침, 2005),pp.224-225.

되땅은 하루 아침길 경상도는 꿈의 나라
동삼내 눈이 쌓여도 한우리의 고장인데
아득한 먼 옛말 같은 겨레들이 삽데다요.

—「邊氏村」 전문

이 작품은 고향을 떠난 타관 체험이 여실하게 나타난다. 본의 아니게 타관을 유랑하면서 느끼는 쓸쓸함이 2수 초장인 "되땅은 하루 아침길 경상도는 꿈의 나라"에서 구체화된다. '되땅' 이 고향보다 더 가깝다는 것이다.

초정의 고향에 대한 인식은 시대성을 띠게 된다. 그가 일경을 피해서 고향을 떠난 것이고 보면, 사상성까지 엿볼 수 있다. 그래서 그의 고향 의식에는 민족 의식이 투영되는 것이다.

그의 민족 의식은 철저하게 작품으로 형상화된다. 고향 의식이 발전하여 민족 의식으로 승화되는데 그것은 아름다운 우리 전통 문화 속에서 그 의미를 규명하는 것이다. 속악한 현실 속에서 탐색하는 전통 문화 속에 민족 정신의 유토피아를 찾으려 한 것이다.

찬 서리 눈보라에 절개 외려 푸르르고
바람이 절로 이는 소나무 굽은 가지
이제 막 白鶴 한쌍이 앉아 깃을 접는다.

드높은 부연 끝에 풍경소리 들리던 날

몹사리 기다리던 그린 임이 오셨을 제
꽂 아래 빚은 그 술을 여기 담아 오도다.

갸우숙 바위틈에 불로초 돋아나고
彩雲 비껴 날고 시냇물도 흐르는데
아직도 사슴 한 마리 숲을 뛰어드노다.

불 속에 구워내도 얼음같이 하얀 살!
티 하나 내려와도 그대로 흠이 지다
흙 속에 잃은 그날은 이리 순박하도다.

–「白磁賦」 전문

이 작품은 백자를 아름답게 형상화하고 있다. "불 속에 구워내도 얼음같이 하얀 살결!"에서는 외형의 아름다움을 넘어선다. 백자의 내면 세계를 투영한다. 그런데 여기서 주목할 것은 백자에는 국토의 의미도 깃들여져 있다는 것이다. 아름다운 백자의 형상화는 곧 우리 국토의 아름다움을 드러내는 것이고, 백자의 내면 세계는 민족 의식을 표상하는 것이다.

찬서리 눈보라에 절개 외려 푸르르고 바람이 절로 이는 소나무 굽은 가지에 이제 막 白鶴 한쌍 앉아 깃든 모습은 국토의 대유이다. 이 백자는 몹사리 기다리던 그린 임이 오셨을 제 꽂 아래 빚은 술을 담아 오는 용기로도 그린다. 그만큼 백자에게 외형인 아름다움과 내면적 아름다움, 나아가 기능성까지 최상의 찬사를 보낸다.

일제의 만행으로 피폐해진 국토와 백성이지만, 초정이 그려내는 '白磁賦'는 선경과도 같아서 아무런 근심도 없다. 이것이 바로 유토피아가 아니고 무엇이겠는가.

3. 순수 세계와 존재의 형이상성

첫 시조집에는 고향에 대한 그리움과 전통 문화 탐닉을 통해서 우리 것에 대한 인식이 매우 깊이 드러난 바 있다. 이듬해인 1948년 자유시집 『故園의 曲』 이후에는 고향의 이미지를 확장하면서 순수 동심의 세계를 보이고 나아가 존재의 형이상학성을 추구한다.

우유처럼 따스한 햇빛이 마루 위로 지르르 흐릅니다. 아기는 나서 아직 아무것도 만지지 않은 그 정한 손으로 햇빛을 주무르고 있습니다.

봉숭아 붉은 앞뜰 울타리에 청제비 돌아앉아 한쪽 죽지를 펴고 짙은 자줏빛 목덜미로 저리 가려운 듯 햇빛을 휘젓고 있습니다.

보시시 한량없는 따스한 햇빛! 아기의 가슴에 넘치도록 안겨들고 푸르다 못해 검은 아기의 눈초리는 처음으로 보는 새로운 봄의 눈부신 조화에 놀란 듯 깜작이고 있습니다.

수그리고 바느질하던 장지 안 젊은 엄마는 반짇고리 한쪽으로 밀어놓고 아기 곁에 살며시 나와 진정 숨길 수 없는 웃음을 머금고 있습니다.

아아 이렇게 이 젊은 엄마는 그 그지없는 애정을 영롱한 패물처럼 아기 옷고름에 채워놓고 세상은 잠시 고요한 행복 속에 싸였습니다.

—「봄1-햇빛과 아기」 전문

자유시집 『故園의 曲』 이후에는 눈에 띄는 것이 순수 세계에 대한 추구이다. 인용 작품은 순수의 표상인 '아가'를 주목한다. 우유처럼 따스한 햇빛이 마루 위로 지르르 흐르고 아기는 나서 아무것도 만지지 않은 그 정한 손으로 햇빛을 주무르고 있는 모습을 초점화하는 것이다. 인위적 손길이 미치지 않은 정갈한 세계를 투영하고 있다. 봉숭아 붉은 앞뜰 울타리에 청제비 돌아앉아 죽지를 펴고 짙은 자줏빛 목덜미로 저리 가려운 듯 햇빛을 휘젓고 있는 가운데 푸르다 못해 검은 아기의 눈초리는 처음으로 보는 새로운 봄의 눈부신 조화에 놀란 듯 감짝이고 있다. 아가를 배경으로 하고 있는 것은 청제비이다. 청제비 역시 햇살의 이미지와 함께 깨끗한 이미지이다. 그리고 수그리고 바느질하던 장지 안 젊은 엄마는 반짇고리 한쪽으로 밀어놓고 아기 곁에 살며시 숨길 수 없는 웃음을 머금고 있다. 엄마의 애정을 듬뿍 받고 있는 아가의 주변 풍경은 잠시 고요한 행복 속에 싸여 있다.

이것은 초정이 꿈꾸는 순수 세계의 유토피아이다.

강 건너 재 너머
재 너머 강 건어
제비나 찾아오는 머언 마을

나 제비처럼
그 마을로 찾아가랴.

—「江 건너 마을」 부분

초정에게 앞의 시에서 '청제비' 가 등장하는 공간이 순수 세계를 표상하고 있었듯이, 강 건너 재 너머 제비가 찾아오는 머언 마을도 초정이 꿈꾸는 유토피아 세계를 드러낸다. 초정에게 유토피아는 '순수 동심' 이 깃들인 세계이다. 초정은 고향으로 표상되는 유토피아의 세계에 탐닉하게 되는데 그것은 투옥이 표상하는 현실 세계가 그에게 견디게 힘든 세계였기 때문이다. 그래서 유토피아로 표상되는 고향 지향의 정서를 표출했던 것이다. 그것이 보다 발전하여 '江 건너 마을' 의 순수 세계의 유토피아로 확장되었던 것이다.

현실의 오염이 전혀 없는 동심의 세계, 순수 유토피아의 세계 지향은 『故園의 曲』에 다수 수록된 동심 지향 시편들 「잠자리」, 「비 온 뒷날」, 「금잔디 지붕 1」, 「금잔디 지붕 2」, 「술래잡기 1」, 「술래잡기 2」, 「달」, 「멧새알」, 「조개와 소라」 등이 웅변한다. 그리고

1952년에 동시집 『석류꽃』과 1958년에 동시집 『꽃 속에 묻힌 집』을 펴내기에 이른다. 초정에게 순수 동심의 세계는 그의 유토피아 지향과 깊은 관련이 있는 것이다.

유토피아를 지향한다는 것은 그만큼 현실 존재로서의 고단함이 깊다는 것이다. 그래서, 자유시집 『故園의 曲』 다음 시집인 1948년 『異端의 詩』(1949)에는 존재 의식, 탐색이 두드러지고 있다.

한아름 굵은 줄기는
蒼天 높이 들내어 북녘의 소식을 듣고
땅을 굳게 把握한 뿌리는
뜨거운 地心을 호흡하는 오랜 古木 있으니

머언 세월 하도 서글퍼
모진 風雨에 껍질은 터지고
오히려 韻을 더한 가지는 骨格처럼 굽었도다.

잠자코 떨고 견디어
그 무엇에 抗拒하는 逆意처럼 위로 위로만 뻗치는
오오 아프고도 슬픈 너의 心襟!

이 말없이 늙어온 나무는
그 어느날 눈도 못 뜨도록
온갖 塵埃에 사는 憎惡로운 것들을 휩쓸어갈

마지막 一陣의 태풍을 亭亭히 기다리고 있다.

—「古木」 전문

'古木'을 주목하면서 존재의 의미를 투영하고 있다. 이 古木은 한 아름 굵은 줄기를 지니고 蒼天 높이 들내어 북녘의 소식을 듣고, 땅을 굳게 把握한 뿌리는 뜨거운 地心을 호흡한 것이다. 하늘과 땅의 비밀을 알고 있는 셈이다. 따라서 古木은 존재의 표상이다. 온갖 풍상을 다 겪은 古木이 드러내는 존재의 의미는 바로 초정의 존재 해석이기도 하다. 그런데 古木은 역경 속에서도 "온갖 塵埃에 사는 憎惡로운 것들을 휩쓸어갈/마지막 一陣의 태풍을" 亭亭히 기다리고 있는 것이다.

이 작품에서는 부조리한 존재 의식 속에서 외부 세계의 변화를 기다리는 국면이다. 증오로운 것들을 몰아가 一陣 태풍을 기다리는 것이 바로 그것이다.

본디 너 어느 바닷속 크나큰 바위로
파도의 毒牙에 깨물린 千劫의 갖은 風霜을
이제 여기서 다시금 회상하누나.

저 밀려오는 湖水의 포효!
반항도 없으나 굴종 또한 없었거니

몸은 닳고 쓸리어 작아만 가도

너 마음 한없이 한없이 넓어만 져

그리고 또 알았노니
쓸모없이 육중한 체구는 모조리 모조리 내던지고
오직 참된 영혼만를 가지려는
오오 너의 意圖여!

—「모래 한 알」 전문

모래 한 알은 크나큰 바위가 역경 속에서 연마한 '참된 영혼'이다. 그렇다면 앞에서 古木이 존재의 부조리성을 응시하며 외부 세계의 변화를 꾀한 것에 비해서 이 작품은 존재 자체의 정화나 승화를 꾀하는 것이다. 여기에 초정 시의식의 비의가 있다. 초정은 현실의 유토파아와 함께 개별 존재의 유토피아를 추구한 것이다. 초정은 존재와 그 바깥 환경인 외부 세계가 모두 유토피아로 구축되길 바란 것이다.

초정은 존재의 유토피아로서 형이상성을 추구하게 되는데, 시집 『의상』(1953), 『木石의 노래』(1956)에서 두드러진다.

드디어 神은 나의 왼쪽 팔을 이끄시고
짐승은 나의 오른쪽 죽지를 당기고
그리고 다시 이 골이 울리게끔
인간은 내 발목에 못을 박는다.

—「刑틀에서」 부분

아무리 하늘이 높고 푸르기로
이 막막하게 숨막히는 어둠이 없었던들
어찌 밤마다 무수한 별들이
저렇게도 찬란히 빛날 수 있었을까?

—「餘韻 1」 부분

처음 나는 아무래도
내 스스로를 무언지 알 수 없었다.

오늘도 홀연히 너를 생각하므로
그 골똘한 생각을 담아둔
문득 하나의 질그릇인 것을 알게 된다.

—「질그릇」 부분

드디어
벌레먹은 너의 성숙은
또 얼마나 기막히는 말씀이냐.

—「果實 1」 부분

존재가 처한 부조리한 현실에서 그 너머의 종교적 인식을 드러낸다. 존재의 유토피아는 종교적 형이상학성을 띠는 것이다. 「形틀에서는」 부조리한 현실을 위해서 희생하는 그리스도의 이미지를 나타난다. 한동안 골짜기를 수선스럽게 하는 그리스도의 수난은 한송이 꽃으로 꺾으려는 인간의 아름다운 허물이라고 시적 형상화를 하는데, 그것이 인용 부분에서는 보다 구체화된다. 神이 왼쪽 팔을 이끌고 짐승은 오른쪽 죽지를 당기고, 그리고 다시 이 골이 울리게끔 인간은 발목에 못을 박는다. 그리스도의 수난 이미지는 부조리한 세계 정화까지를 표상하는 것이다. 신의 의지를 빌려 유토피아를 꾀하는 것이다. 「餘韻 1」에서는 어둠, 곧 세상의 부조리는 그 자체가 아이러니칼하게도 진리의 빛을 던지는 것을 표상한다. 그러니까 어둠 속에서 별이 빛나듯이 존재의 유토피아를 부조리한 현실에서 형이상적 인식으로 찾아보려 한 것이다. 그래서 「질그릇」에서는 존재의 의미를 재인식하게 된다. 존재는 하나의 질그릇이고, 그 질그릇은 부피 없는 깊이와 넓이로 인해 언제나 고여도 차고 넘칠 수 없다는 존재 인식이다. 그래서 「果實 1」에서처럼 사물에서 신의 음성을 듣는 겸손함을 보인다.

초정은 동심의 세계를 확장하여 순수 세계 지향과 함께 존재의 형이상성을 추구하는데, 이것들은 모두 유토피아 추구이다.

4. 존재의 실존성과 죽음 의식

초정은 1963년 44세에 서울로 이주하여 인사동에서 표구사 겸 골동품 가게 '亞字房'을 경영하고 그 이후 나온 시집이 1973년 『三行詩六十五篇』이다. 다시 자유시에서 시조로 돌아가면서 그의 시의식에도 변화가 감지된다.

지난 철 가시구렁 손톱이 물러빠져
눈 덮인 하늘 밑창 발톱마저 물러빠져
뜨겁고 아픈 경치를 지고 내 예꺼정 왔네.

뭉개진 비탈 저쪽 아득히 손차양하고
귀밑볼 사운대던 그네들 다 망설여도
오지게 눈치없는 차림 내 또 예꺼정 왔네.

—「꽃의 自敍」 전문

蘭 있는 房이든가, 마음귀도 밝아온다.
얼마를 닦았기에 눈빛마저 심심한고
흰 장지 九萬里 바깥, 손 내밀 듯 보인다.

—「蘭 있는 房」 전문

질풍노도 같은 그의 시혼이 중년으로 접어들며 亞字房 경영과 더불어 관조의 면모를 보인다. 존재의 형이상성을 추구하던 그의 맑은 시심이 이제 대상을 관조할 수 있는 이치를 터득한 듯하다. 즉, 「蘭 있는 房」처럼 존재를 밝은 눈으로 응시할 수 있는 것이다. 이는 「꽃의 自敍」에서 보이듯 파란의 세월을 보내고 그의 시심과 사상의 폭이 확장됨으로써 가능한 것이었다.

건너편 낡은 의자엔 젊은 한쌍이 앉았다.

저쪽 벽을 지곤 三十代 여인이 혼자
또 어느 初老의 눈은 휜히 행길만 내다본다.

—「配置」 부분

이 작품은 존재를 객관적으로 응시하는 전형이다. 젊은 한 쌍의 여인과 혼자 있는 30대 여인, 또 初老가 병치되어 나타나는 존재의 실존적 풍경인 것이다. 여기서는 존재의 형이상성을 추구하기보다 존재의 실존을 응시하는 것으로 그친다.

언제나
장엄한 自惚은
죽음 앞에 있다.

이 낭떠러지
이 수면은
무서운 고요—
죽음만이 바로본다.

살아서 보는 죽음,
죽어서도
볼 수가 없다.

이 낭떠러지

이 수면 위

한송이 水仙꽃

죽음처럼 피어 있다.

장엄한 고독은

—저렇듯?

죽음과 짝지어 산다.

—「살아서 보는 죽음–畵家 달리에게」 전문

이 작품은 『墨을 갈다가』(1980)에 수록된 것이다. 연륜이 더할수록 존재의 실존을 인식하고 존재의 유토피아는 이 지상에서는 존재하지 않음을 깨달은 듯하다. 그래서 더욱 가열한 예술가 정신으로 존재의 실재를 객관적으로 응시하는 것이다.

초정은 결국, 존재의 궁극과 마주치는 것이 죽음 의식이 아닐 수 없음을 드러낸다. 언제나 장엄한 自惚은 죽음 앞에 있다고 선언한 것이다. 초정이 주력했던 존재 탐구의 결과는 "이 낭떠러지/이 수면 위/한송이 水仙꽃"으로 귀결되는 듯하다. 한송이 水仙꽃은 죽음처럼 피어 있다고 노래되고 있다. 또한 이것은 장엄한 고독이고 그것이 죽음과 짝지어 사는 것이다.

뜨락에

흐드러지는 날

아무도 오지 않았다.

누가
풀무질을 하는가
자줏빛 치솟는 불길!

어쩌면
그것은 녹인 쇳물
또 무슨 얼굴을 하랴.

—「모란 앞에서」 전문

시조집 『향기 남은 가을』(1989)에 수록된 이 작품은 노경에서 존재의 강렬한 생명 의식을 읽고 있는 모습을 엿볼 수 있다. 그가 주력한 존재 응시의 궁극이 죽음 의식으로 귀결되는 것임을 인지하고서, 노경에 접어들어서는 관념적이 아니라, 실존적 현실을 직시한 것이다. 그의 마지막 작품집인 『늙은 느티나무의 말』(1998)에는 생과 사의 경계 의식이 매우 치열하게 노래되고 있다.

못 가본
저승길보다
이승이 아득해진다.

—「이승에서」 부분

내 넋도

너의 구름으로
꽃처럼 나부꼈으면-

—「구름」 부분

이읏고
유서를 고쳐 쓰고
또 서늘한 가을이 옵니다.

—「돌」 부분

떠날 땐
푸른 반딧불
먼 별처럼 사라졌으면-.

—「소망」 부분

『늙은 느티나무의 말』에 맨 처음 수록된 「이승에서」는 때마침 눈높이로 뜬 한 떼의 고추잠자리를 응시하면서 존재의 궁극을 생각한다. 그중 한 놈이 연밥 위에 앉아 쉬고 있는데, 그런 정황에서 화자는 못 가본 저승길보다 이승이 아득해온다고 노래한다. 이 작품은 여러 가지 의미가 내포되어 있지만, 이승길보다 저승길이 더 가깝게 느껴진다는 것을 통해서 죽음의 실존적 인식을 드러내는 것이 주목된다. 그것은 마지막 시조집 제목인 '늙은 느티나무의 말'이 결국 초정의 유언장에 다름 아닐 수 없기 때문이다. 그가 존재의 궁극인 죽음을 가까이 느끼면서 이제는 실존적으로 죽음의 강을 건너고자 하는 마음을 매우 사실적으로 표출하고 있다는 점에서, 죽음으로써 현실 세계에서 이루지 못한 존재의 완성을 꾀하고자 하는 의도를 엿볼 수 있는 것이다. 「구름」에서는 살풀이 춤사위와 덕수궁 하얀 모란꽃이 구름처럼 나부꼈다고 인식한다. 그러면서 내 넋도 너의 구름으로 꽃처럼 나부꼈으면 하는 소망을 드러낸다. 「돌」이나 「소망」에서도 아름다운 죽음의 소망을 그려낸다. 결국 초정은 평생 동안 추구한 유토피아가 현실 세계와 존재 내에서는 이루어지지 못하는 것임을 인지하고, 저승에서 유토피아를 궁구하는 것인가.

5. 결론

초정 시가 생전에는 제대로 조명이 되지 못한 상태에서 작고 1주기를 맞아 『김상옥 시전집』이 간행되면서 연구의 본격적인 장이 마련된 셈이다.

본고에서는 초정의 시전집을 텍스트로 그의 시와 시조를 구분 없이 전반적인 주제 연구를 시도하였다. 그 결과 초정은 일평생 유토피아를 궁구한 시세계를 펼치면서 아래와 같이 세 시기로 대별할 수 있었다.

첫째, 습작기를 포함하여 20세 때 『문장』(10월) 제1권 9호에 시조 「봉선화」로 시단에 본격적으로 등단한 이후 첫 작품집 『草笛』(1947)까지다. 이 시기는 思鄕과 전통 문화 탐닉이 두드러진다. '思鄕', 즉 그의 고향에 대한 그리움은 초기 시의 주요 테마이다.

일제 시대 젊은 시절부터 일경에게 쫓기고 타관 생활을 하면서 느끼는 그의 思鄕 의식은 단순한 그리움을 넘어서는 것이다. 그의 思鄕은 개인 의식과 더불어 민족 의식을 담고 있는 것이다. 이런 의식이 발전하여 선대의 민족 문화를 탐닉하면서 민족의 정체성을 찾으려 했다. 도공이나 석공이 빚은 문화 유산에서 민족 정신의 원형을 발견하고자 한 것이고 그것은 곧 현실에 존재하지 않는 유토피아 세계를 유년기의 고향이나 역사 속의 전통 문화 등에서 궁구하려 한 것이다.

둘째, 1948년 자유시집 『故園의 曲』 이후 초정이 44세에 서울에서 '亞字房'을 경영하기 전까지이다. 이 시기는 동심의 순수 세계, 존재의 형이상성 추구가 두드러지는 것이다. 그에게 고향의 이미지는 확장되면서 더욱 순수 세계에 대한 탐닉으로 드러나고, 그것은 순수의 표상인 '아가' 이미지가 환기하는 동심의 세계로까지 나아간다. 이는 현실 저편의 유토피아적 세계 지향으로 귀결된다. 그만큼 초정에게 현실은 힘겨운 세계였기 때문이다. 그래서 초정은 현실에 뿌리 박고 있는 존재 의식에 대한 깊은 탐색을 보이는데, 그것은 존재의 형이상성, 곧 존재의 유토피아 궁구로 나아간 것이다.

셋째, '亞字房' 이후 시조로 다시 돌아간 1973년 간행한 『三行詩 六十五篇』 이후 별세하기까지이다. 이 시기는 존재를 보다 실존적으로 인식하며 개별 존재의 죽음 의식으로 존재의 완성을 꾀하는 것으로 귀결된다. 존재의 보다 깊은 통찰을 통해서, 현실이나 존재의 유토피아는 도래할 수 없는 것임을 차츰 깨달은 것이다. 질풍노도 같은 그의 시혼이 중년 이후에는 존재의 실존을 인정하고 관조적 면모를 보이면서 존재의 궁극으로 죽음 의식과 대면하게 된 것이다. 노경에 접어들어서는 더 깊이 존재의 죽음을 실존적으로 받아드리며 이승 너머에서의 유토피아를 궁구한 것이다.(2007년)

【참고문헌】

金珉延,「現代時調의 故鄕性 研究-金相沃, 李泰極, 鄭椀永을 中心으로-」, 성균관대 박사 논문, 2003.

김재승,「초정 김상옥 선생님과의 반세기」, 초정기념회,『그 뜨겁고 아픈 경치』, 고요아침, 2005.

민영 엮음,『김상옥 시전집』, 창비, 2005.

최현주,「인고와 도야로 이룬 육탈의 미학-김상옥론」, 김학동 외『한국전후 문제 시인 연구 02』, 예림기획, 2005.

프로테스탄티즘의 천상병

1. 들어가며

천상병은 유년기부터 하나님의 특별한 섭리 가운데서 기독교 신앙은 그의 삶과 시에서 결정적 영향력을 행사했던 바, 특히 동백림 사건에 연루되어 1968년 7월부터 6개월간 옥고를 치르고 나서 그의 기독교 신앙의 자취는 보다 뚜렷하게 나타나기 시작한다. 이는 엄청난 수난을 거치면서 그의 기독교 신앙이 전면에 드러난 것으로 볼 수 있다.

일견 천상병 하면 술주정뱅이, 괴짜 이미지 등이 먼저 연상되어서 한국적 기독교 전통에서는 그가 기독교 시인이라는 이미지와는 관계없는 것처럼 보이기 십상이다.[1)]

그래서인지 이제까지 천상병에 대한 주요 평가는 맑고 순진무구한 서정시, 세상을 투명하게 보고자 한 가난한 시인의 삶과 시의 일치, 간단명료한 쉽게 씌어진 시, 혹은 초기시는 서정시, 후기시는 즉물시 등[2])으로 나타났다. 즉, 청상병은 기독시인으로서 논의해야 할 충분한 텍스트적 가치가 있는데도 불구하고 그의 기독교적 이미지는 간과되거나 극히 부분적으로만 다뤄지고 있는 실정이다.

한국기독교 시인 하면, 우선 정지용, 윤동주, 김현승, 박두진, 박목월, 구상, 김남조 등의 이름은 떠오르지만 천상병의 이름은 쉽게 떠오르지 않는 것이다.[3])

본고는 천상병이 우리 시단에 중요한 기독교 시인의 계보를 형성할 수 있는 시적 성취를 지닌 시인으로 보고, 그에 대한 기독교

---

1) 천상병을 오독하는 이유가 몇 가지 있지만 그 가운데서도 가장 문제가 되는 것은 술주정뱅이 이미지다. 가톨릭에서는 술이나 담배가 크게 문제가 되는 것은 없지만 한국의 개신교에서는 술, 담배를 금하고 있다. 비교적 자유로운 가톨릭의 관점에서도 천상병의 술주정뱅이 이미지는 결코 허용될 만한 수준이 아니다. 술주정뱅이 이미지는 나아가 일탈적 행동을 하는 괴짜 시인이라는 고정관념까지 덧씌우게 했다.

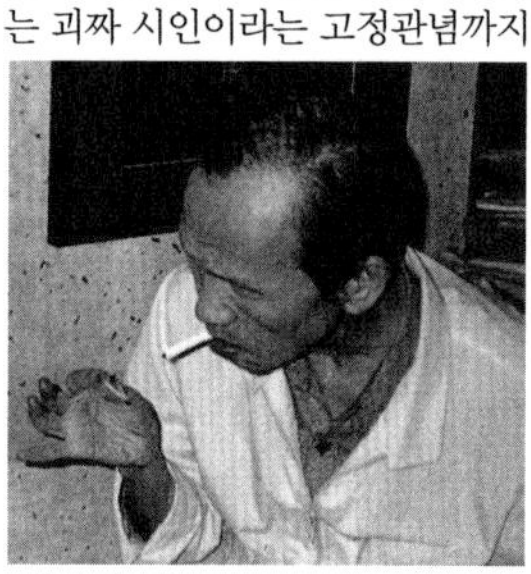

『천상병 전집』(평민사, 1996)의 시, 산문 표지 모두 담배(술꾼을 연상하는 이미지) 피우는 사진이 천상병을 표상하는 캐릭터로 제시되어 있다.

천상병은 대학 이학년 때부터 술을 마시기 시작하여, 시인이 된 다음 시인, 소설가, 평론가 들과 어울려다니면서 그 양이 많아지고 세칭 술주정뱅이가 되었다. 이십대, 삼십대 때에 마신 술 때문에 하나님의 주신 복을 하나씩 하나씩 추방한 모양이라고 본인 스스로 고백했듯이 그는 젊은 시절 술을 많이 마시고 실수도 많이 했다. 가령, 젊은 시절 은사인 조연현 선생 집에서의 어떤 모임에서 대취하여 조연현에게 대들며 '이새끼' '저새끼' 하는 무례를 범하고 난장판을 만들어버린 일화 같은 경우가 이에 해당한다. 그러나 천상병은 40대 이후에는 술에 대취하여 실수를 범하는 일은 찾아보기 힘들었다. 천상병, 「무복」, 『散文 천상병 전집』(평민사, 1996), pp.79-80.

젊은 시절과는 달리 천상병은, 술을 조금만 마시니 취한다는 걸 모르고 살았다고 했다. 취한다는 건 악덕임을 인지하고, 술을 즐긴 것이다. 예수님도 취한다는 걸 경계했지 술을 금한 것은 아니했음을, 잔치집에서 물로 포도주를 만든 기적을 일으킨 것을 예로 들면서, 천상병은 취하지 않게 마시면 하나님도 박수를 쳐주실 것이라고 했다. 천상병, 「괴로운 바다의 풍랑과 고초를 잊기 위하여」, 위의 책, p.162.

이처럼 천상병은 40대 이후에는 술주정뱅이라는 고착된 인식과는 달리 술과 담배를 대하는 태도에 있어, 나름의 분명한 입장을 취하고 있었다. 술주정뱅이, 괴짜라는 비기독교적인 부정적 이미지는 젊은 시절에 한정된 것인데도, 이것이 너무 강하게 작용하여 기독교 시인 천상병을 오독하게 하는 주요 원인이 된 것이다.

2) 이경철, 「한국 순수시의 서정성 연구-천상병, 박용래 시를 중심으로」(동국대 박사논문, 2007. 6), pp.15-16.

적 접근의 당위성을 드러내고자 한다.

2. 천상병의 산문을 통해서 본 기독교 신앙

천상병의 다수 산문[4]에는 겉으로 드러나는 비기독교적 이미지와는 달리 신앙적 고백이 매우 사실적으로 드러나고 있다. 가장 주목을 요하는 것은 「나의 기도」[5]로, 이 글에는 그의 신앙고백이 고스란히 담겨 있다. 이 글에는 전문과 '일신과 생활을 위한 기도', '영혼의 구원', '문학에 대한 기도', '나라와 인류를 위한 기도' 등 네 가지 기도 주제와 아울러 말미에 '하나님과의 대화' 체험을 다루고 있다.

이 산문 前文에 의하면 천상병은 매일같이 기독교 방송을 듣고 있지만 교회에는 주일마다 나가지 않는다고 한다. 그는 일본의 우찌무라 간조를 따라 무교회주의자로 자처한다.[6] 무교회주의는 현재의 교회 제도나 의식을 부정하고, 하나님의 말씀은 성경을 통하여서만 얻을 수 있다고 보며, 구원은 율법의 행위로가 아니라 오직 신앙으로만 얻을 수 있다고 보는 기독교의 한 유파로, 일본의 종교 지도자 우찌무라 간조가 주창했다. 우리나라에는 특히, 우찌무라

---

3) 1910년대 현대시 초기부터 1960년대까지 시대적 환경과 기독교를 총체적으로 살핀 한홍자의 『한국의 기독교와 현대시』(국학자료원, 2000)에도 천상병은 누락되었고, 최근 하현식의 『한국기독교 시평설』(창조문예사, 2007)에도 누락되어 있기는 마찬가지다. 후자의 경우 50년대 기독교 시인으로 다룬 것은 구상, 황금찬, 김남조, 홍윤숙, 성찬경, 김춘수 등이다. 기독교 시인을 본격적으로 다룬 두 편의 저서가 말하듯, 천상병은 한국 기독교시사에서 거의 거론조차 되지 않고 있다.

4) 천상병의 『散文 천상병 전집』 중 신앙 고백은 제1부 「수필」에 집중적으로 드러나고 제3부 「기타 산문」에도 일부 드러난다.

5) 위의 책, pp.139-143.

6) 위의 책, p.139.

간조의 영향을 받아 김교신 · 함석헌 등이 무교회주의 운동을 펼쳤다. 이들은 성서적 관점에서 기존 교회의 제도와 모순을 비판했기 때문에 기성교회로부터 비난적 뉘앙스가 강한 '무교회주의자' 라는 칭호를 받게 됐다.

따라서 무교회주의는 서구 일변도의 근본주의적 기독교가 아니라 하나님을 인격적으로 주체적으로 만나는 것이다. 다시 말해 교회에 나가고 헌금을 하는 등의 외형적으로 열심히 신앙생활을 하는 것처럼 보이는 것보다는 생활 속에서 하나님의 뜻을 찾아가는 것이다.

> 그러나 신자라고 하는 것은 내 자신이 그렇게 인정하는 것뿐이지, 어떤 교회나 목사에게 신자라는 증명을 받아서는 아닙니다.
>
> –중략–
>
> 때문에 내가 출석할 수 있는 교회라고는 한 군데도 없습니다. 나는 무교회 신자의 한 사람으로서 그 점에 있어서는 시인 밀턴과 같은 위치에 있는 사람입니다. 물론 고독이 바람직한 일이란 것은 아닙니다. 일요일마다 교회에 모여 형제자매들과 기쁨을 나누는 일이 즐거운 일이란 것도 잘 알고 있습니다. 그러나 영혼은 교회보다 귀중한 것이 아닐 수 없습니다. 그리고 만일 교회에 나가는 것이 도리어 나의 품성을 더럽히고 그 때문에 내 신앙에 금이 갈 우려가 있다고 생각될 때 나는 단연코 그곳의 출입을 그만두어야 할 것입니다. 나는 감히 단언합니다. 내가 오늘 우리나라에 있는 교회라는 곳에 출입하지 않는 이유는 극장이나 다른 유흥장에 일절 출입하지 않는

것과 같은 이유에서입니다. 즉 오늘의 교회란 곳은 도덕적으로 나를 헤치는 곳이라 믿기 때문입니다. 왜 그런가는 더 얘기하지 않겠습니다. 그러나 여러분이 조금만 유의하여 오늘의 교회란 것의 안팎을 관찰하신다면 나의 이 단언이 결코 과격한 말이 아님을 인정하게 되리라고 생각합니다.[7)]

이 글은 세칭 무교회주의의 원조인 우찌무라 간조의 생각이다. 천상병은 우찌무라 간조의 무교회주의의 영향을 받은 것이다. 겉으로 드러난 의식적 신앙보다는 생활 속의 실천적인 삶의 신앙을 보이는 것이 천상병이다. 겉으로 보기에 얼마나 기독교인답느냐, 아니면 어느 기독교 단체에 소속되어 있느냐는 천상병에게는 고려의 대상이 아니다.

전문에 이어서 차례로 기술하고 있는 네 가지 기도와 하나님과의 대화 체험은 더욱 구체적인 천상병의 돈독한 신앙관을 엿볼 수 있다.

내 일신의 출세를 위한 기도는 나는 모릅니다. 나를 위한 기도라면 그것은 다만 하나님의 영광이 더하도록 하는 기도와 나의 건강을 위한 기도뿐입니다. 건강을 주신 주님께 감사하고 하나님에게의 뜨거운 감사기도는 매일같이 합니다.[8)]

7) 『우찌무라 간조 全集』 제1권(크리스찬서적, 2000), p.317.
8) 『散文 천상병 전집』, p.140.

이 글은 첫 번째 기도인 '일신과 생활을 위한 기도' 중 일부다. 오늘의 세속적 기독교 신앙은 기복적인 데가 많다. 일신의 출세, 부, 명예 등을 위한 기도가 일반적이라고 할 만하지만, 신앙의 본질인 하나님의 영광을 위한 기도는 찾아보기 힘들다. 이런 관점이라면 천상병의 기도는 얼마나 성경적인가.

> 내 영혼의 구원을 위하여 나는 일주일에 몇 번인가 기도하고 그리고 성서를 펼칩니다. 성서는 너무나 고마운 책입니다. 지금까지 천 년 내로 베스트셀러였지요. 이 성서는 인류 최고의 성전입니다. 나는 이 성서를 읽을 때마다 기도합니다. 하나님 아버지시여 감사합니다. 이렇게 위대한 책을 주셨으니 얼마 안 가서 천하는 기독교가 될 것입니다.
>
> 우리는 잊지 말아야 합니다. 예수님의 재림이 얼마 남지 않았다는 것을 명심합시다. 예수님 재림이 이루어지는 날, 이 지상은 천국화할 것이고 우리들의 영혼은 천국으로 줄달음할 것입니다.[9)]

두 번째 기도인 '영혼 구원' 중 일부다. 영혼의 구원을 위해 일주일 몇 번씩 기도하고, 그리고 성서를 주신 하나님께 감사하고 기독교의 복음이 천하에 전파될 것임을 확신한다. 예수님의 재림을 믿고 영혼 구원까지 확신한다. 이는 정통 기독교 신앙의 고백이다.

> '하나님 이 나의 시도가 성공되게 해 주시고 하나도 어긋남이 없게 해 주사이다' 라고 여러 번 기도하고 있습니다. 이 나의 기도가

들리도록 나는 열심입니다. 하나님 기어코 나의 이 기도가 이루어지기를 원하옵니다.[10)]

세 번째 기도인 '문학에 대한 기도' 중 일부다. 천상병은 88년에 사회 참여시 「이 세상은 왜」라는 시를 쓰고 89년에 출판하려고 했는데, 이는 52년 추천을 마친 이후 그동안 줄곧 서정시만 써 왔던 것에 대한 반성적 의미가 있다. 문학은 온갖 사람들의 행복을 비는 것인바, 안이한 생각에 빠져서 자신의 행복만 기다릴 수는 없다는 생각에서다. 그래서 위의 시도가 성공되게 해 주시라고 기도하는 것이다.

공산주의는 하나님을 인정치 않습니다. 괘씸한 놈들입니다. 그리고 우리 나라는 분단되어 북쪽의 김일성은 우리를 위협하고 있습니다. 이래서는 될 일도 안 됩니다. 우리는 하루빨리 통일이 되어 일민족 일 국가를 이루어야 합니다. '하나님, 왜 우리는 분단되었습니까. 하나님 힘으로 통일되게 해 주소서' 라고 나는 매일같이 기도하고 있습니다.[11)]

네 번째 기도인 '나라와 인류를 위한 기도' 중 일부다. 무신론을 주장하는 공산주의를 거부하고 신앙의 자유를 인정하는 자본주의가 승리를 거두기를 바라고, 하나님을 인정하는 대한민국 중심

9) 위의 책, pp.140-141.
10) 위의 책, p.142.
11) 위의 책, p.142.

의 통일이 이루어지기를 간절히 기도한다는 내용이다. 통일도 하나님의 힘으로 될 수 있다는 신앙고백이다.

> 1981년 10월 5일 나는 하나님의 목소리를 들었습니다. 그러나 그것은 하나님의 일방적인 목소리였습니다. 하나님이시여, 너무나 고맙습니다. 그렇게만 저의 사정을 들어 주십시오. 우리는 한결같이 하나님과 대화하기를 바라고 있습니다. -중략- 우리는 다만 하나님을 믿사옵고 순종하겠나이다.[12)]

신앙의 체험담인 '하나님과의 대화' 중 일부다. 너무나 명백한 신앙고백이 드러난다. 하나님의 목소리를 들었다고 고백하고, 나아가 다만 하나님을 믿고 순종하겠다고 고백한다. 이는 완벽한 신앙고백이 아닐 수 없다.

산문 「나의 기도」에는 그의 기독교 신앙관이 너무나 선명하게 드러난다. 이런 신앙관은 언제부터 형성된 것일까?

> 그런데 그만 나는 발을 헛디뎌 굴러 떨어지고 말았다. 순간적인 일이었기 때문에 나는 죽었구나 하는 생각뿐이었는데 나뭇가지에 내 몸이 대롱대롱 매달려 살아났다. 그래서 나는 그 일을 하나님이 나를 살려 주신 첫 기적이라고 말 할 만큼 그날은 운 좋은 날이었다고 생각한다.[13)]

천상병은 어릴 때부터 자신의 인생에 하나님의 섭리가 있었음을 후일 고백한 것이다. 그의 기독교 신앙은 신의 선택에 의해서 절대적 은총으로 획득된 것임을 알 수 있다. 그의 『문예』 첫 추천작인 「강물」을 쓰게 된 배경을 보아도 알 수 있는 것이, 그는 삶의 순간 순간 죽음 같은 형이상학적 물음을 묻게 되면서 자연스럽게 신앙적 태도를 취하게 된 것으로 보인다.

> 그러던 시절 어느 추석날 마을 뒷산에 올라가 멀리 바다를 바라보며 명상에 잠겨 있는데 어디에서 우는 소리가 들려왔다. 소리 나는 쪽을 향해 바라보니 무덤이 몇 개 있는데 사람들이 절을 하며 울고 있는 것이었다. 그때 나는 죽음을 생각했고 무덤도 생각하며 그 느낀 감정을 옮겼는데 그것이 첫 추천시 「강물」이었다.[14]

천상병은 하나님의 섭리 가운데, 젊은 시절부터 기독교 신앙을 가졌던 것으로 추정된다. 그것은 이미 20대 젊은 시절에 하나님께 기도했다는 고백을 하고 있기 때문이다.

> 그러다가 일 년이 지나서 당신은 미국으로 유학을 가게 되어 다시는 못 만나게 되고 우리들의 사랑은 끝이 났소, 유학 간 당신에게 영광이 있으라고 나는 하나님에게 얼마나 기도했는지 모르오.[15]

---

12) 위의 책, p.143.
13) 「외할머니 손잡고 걷던 바닷가」, 위의 책, p.26.
14) 위의 책, p.27.
15) 「옛 애인에게 보내는 편지」, 위의 책, p.100.

천상병이 목순옥과 결혼한 후에 첫사랑 변인호에 대한 생각을 피력한 것이다. 그는 대학 2년 때 문리과 대학에 다니던 변인호에게 첫사랑의 감정을 느꼈는데, 1년 후에 변인호가 미국으로 유학을 가게 되어 그만 이별하게 되었다. 그래서 천상병은 변인호에게 영광이 있으라고 하나님께 기도했다는 것이다.

대학 2년 때 천상병은 이미 하나님께 간절히 기도할 만큼 그의 기독교 신앙은 확고한 것이었다. 그런데, 천상병은 30대까지는 술을 과도하게 먹고, 그로 인해 실수를 하는 등 신앙을 삶으로 드러내는 데는 부족함이 있었다.

그러나 동백림 사건을 거치면서 결혼을 하고서는 술도 절제하면서 그의 생활은 안정되면서 차츰 기독교 신앙이 삶으로 드러났다고 볼 수 있다.

> 그러고 보니까, 예전에(서른여덟 아홉 살 때까지) 술을 마실 때는, 물론 매일같이 마실 때는 생활이 말이 아니었다. 그러다가 결혼을 해서 규칙적인 생활을 보내서 건강이 좋아진 것일까? 아마 그런 성싶다.[16)]

천상병은 유년기의 죽을 고비를 넘기면서 절대자에 대한 인식이 막연하게나마 자리한 가운데, 20대에는 하나님의 존재를 확실하게 믿으면서도 그의 생활은 일탈적인 면모를 보였다. 그러다 동백림 사건을 거치면서 인생의 대전환을 가지면서 차츰 기독교적 삶으로 안착되었다. 그러면서 천상병에게, 기독교는 간접적이든 직접적이든 간에 시쓰기의 원리로 작용한 것이다.

> 믿음은 절대자에 대한 신앙이다. 이 세계의 근본과 본질을 모르고 우리가 어떻게 살 것인가. 절대자가 있는데 어떻게 우리가 모른 체 살 수가 있겠는가? 믿음은 나의 인생의 최고 원리이다. 이 원칙을 빼고 어떻게 시를 쓸 수 있단 말인가. 나로 말하면 이 원리 없이는 너무나 무력한 존재인 것이다. 가난하고 불쌍한 시인이지만 나는 후회 없이 열심히 살고 있다.[17)]

3. 천상병의 시를 통해서 본 기독교 신앙

천상병은 산문에서 보인 그의 신앙 고백대로 그의 시에도 기독교적 색채가 드러난다. 이미 20대 초반에 이미 기독교적 세계관을 뚜렷이 보였기 때문에 그의 시 전체는 기독교적 영향권에 있다고 보아도 틀림이 없다. 그러나 동백림 사건 이전에는 그의 기독교 신앙이 시에는 직접적으로 드러나지 않는다.

> 강물이 모두 바다로 흐르는 그 까닭은
>
> 언덕에 서서
>
> 내가

16) 앞의 책, p.79.
17) 「나의 시작(詩作)의 의미」, 앞의 책, p.380.

온종일 울었다는 그 까닭만은 아니다.

밤새
언덕에 서서
해바라기처럼 그리움에 피던
그 까닭만은 아니다.

언덕에 서서
내가
짐승처럼 서러움에 울고 있는 그 까닭은
강물이 모두 바다로만 흐르는 그 까닭만은 아니다.

—「강물」 전문

이 시는 52년 1월 『문예』 초회천이다. 시인으로서 본격적인 출발을 알리는 이 시는 어느 추석날 마을 뒷산에 올라가 바다를 바라보며 명상에 잠겨 있을 때 무덤에서 사람들이 절을 하면서 울고 있었다. 그때 그 죽음을 생각하고 쓴 시가 바로 「강물」이다.[18] 이 시는 기독교적 색채가 드러나지 않는 작품이지만, 형이상학적 인식을 보인다는 점에서 기독교적 신앙과 무관하다고만 볼 수는 없다.

「강물」을 비롯하여 53년 5월 『전선문학』의 「무명전사(無名戰士)」, 55년 『藝術集團』의 「등불」 같은 시에는 기독교적 색채를 직

18) 「외할머니 손잡고 걷던 바닷가」, 위의 책, p.27.

접적으로 확인하기는 어렵지만 기독교적 세계관을 기저로 한 형이 상학적 인식이 드러나고 있다.

저 새는 날지 않고 울지 않고
내내 움직일 줄 모른다.
상처가 매우 깊은 모양이다.
아시시의 성(聖)프란시스코는
새들에게
은총 설교를 했다지만
저 새는 그저 아프기만 한 모양이다.
수백 년 전 그날 그 벌판의 일몰(日沒)과 백야(白夜)는
오늘 이 땅위에
눈을 내리게 하는데
눈이 내리는데……

—「새」 전문

이 시[19]는 동백림 사건이 일어나기 약 2년 전인 65년 3월 『女像』에 발표된 작품이다. 성프란시스코가 환기하는 기독교적 이미지가

19) 강희근은 경남작고문인 문학심포지엄(2007. 12. 1. 경남문학관) 주제논문 「천상병 시인의 행적과 시의 흐름」에서, 동백림 사건 이전인 「새」라는 일련의 작품들, 곧 59년 5월호 『사상계』, 65년 3월호 『여상』, 66년 2월호 『시문학』, 66년 7월호 『문학』, 67년 5월호 『현대문학』, 69년 4월호 『월간문학』 등에서도 이미 프란치스코(1182-1226) 시대의 상황과 '오늘 이 땅 위'의 상황이 연속성을 띠는 것으로 보면 '새'가 화자로서 천상병 자신을 드러낸 것으로 보고, 작품 제목으로 빈번하게 등장하는 새는 프란치스코 말년의 행적과 직결되고 있다고 본다. 따라서 강희근은 천상병의 '새'가 영성과 사랑, 자유 같은 어떤 해방감과 관련되어 있다고 볼 수 있다면, 천상병은 프란치스코 성인의 길을 따르고자 하는 열망에 닿아 있다고 본다.

드러나지만 그렇다고 동백림 사건 이후 기독교 신앙을 직접 드러낸 작품과는 차이가 있다. 상처받은 새가 표상하는 존재의 아픔을 성프란시스코와 눈이 표상하는 은총으로 감싸는 것에서 간접적이긴 하나 기독교적 세계관을 엿볼 수 있다.

50년대 후반부터 60년대의 「새」라는 제목으로 발표된 일련의 작품군에서는 새가 기독교 신앙의 상징적 이미지로 드러난다. 이는 동백림 사건 이후의 본격적으로 전개될 기독교 시의 단초로서 읽을 수 있다.

> 오늘같이 맑은 가을 하늘 위
> 그 한층 더 위에, 구름이 흐릅니다.
>
> 성당 입구 바로 앞
> 저는 지금 기다리고 있습니다.
>
> 입구 지키는 교통순경이
> 닦기 끝나면, 저도 닦으려고요.
>
> 교통순경의 그 마음가짐보다
> 저가 못한데서야, 말이 아닙니다.
>
> 오늘같이 맑은 가을 하늘 위
> 그 한층 더 위에, 구름이 흐릅니다.

—「주일 · 1」 전문

나무를 볼 때마다

나는 하느님을 생각하지 않을 수 없다.

왜냐구요?

글쎄 들어보이소.

산나무에 비료를 준다는 일은 없다.

그래도 무럭무럭 자란다.

언건 왠일인가?

사실은 물밖에

끌어들이는 것이 없지 않는가?

그런데 저렇게 자라다니

신기할 수밖에 없다.

그리고 산이란 산마다

나무가 빽빽이 자라다니

신기할 수밖에 없다

그리고 산이란 산마다

나무가 빽빽이 자라는 것은

누가 심었단 말인가.

그것뿐만이 아니다.

바다 한가운데 섬에도

나무는 있다.

이것은 어찌된 일인가.

누가 심었단 말이냐?

나는 도무지 모르겠다.

다만 하느님이 심으셨다는 생각이

굳어갈 뿐이다.

보살피는 것도 하느님이다.

—「나무」 전문

「주일 · 1」은 69년 10월 『한국일보』에, 「나무」는 76년 『현대문학』에 발표된 것이다. 「주일 · 1」은 '주일' '성당' 같은 기독교적 소재[20]를 직접 도입하고 있다. 동백림 사건 후에는 인용한 「주일 · 1」 외에도 69년 11월 『현대시학』의 「주일 · 2」, 70년 6월 『창작과 비평』의 「귀천-주일(主日)」, 70년 11월 『詩人』의 「만추(晩秋)-주일(主日)」, 71년 8월 『현대문학』의 「이스라엘 민족사-주일(主日)」 등 '주일' 이라는 테마를 필두 그의 기독교 시가 본격적으로 전개된다.

「나무」는 기독교 신앙이 전면에 직접적으로 드러날 뿐 아니라 기독교 신앙이 육화된 것이다. 나무를 볼 때마다 하나님 생각을 하지 않을 수 없다고 고백할 만큼 그의 기독교 신앙은 선명하게 드러난다. 이렇듯 동백림 사건을 거치고 천상병의 기독교 시는 일신되면서 기독교 신앙이 작품 전면에 직접적으로 드러나는 것이다.

20) 동백림 사건 전에 「새」에서 '성프란치스코' 를 소재로 차용했지만 이는 동백림 사건을 거친 후 기독교 신앙이 돈독해진 가운데 기독교 소재를 도입한 것과는 다르다. 또한, 동백림 사건 전에는 성프란치스코 외에는 이렇다 할 기독교적 소재라 할 만한 것이 등장하지도 않는다.

4. 나가며

그동안 천상병의 비기독교적 이미지가 강조되어 우리 기독교시사에 매우 중요한 시인으로 다루어져야 함에도 불구하고 그렇지 못한 것은 그의 본질을 오독한 것으로 볼 수 있다.

천상병의 산문에서 보인 그의 신앙 고백은 매우 뚜렷했다. 그는 어린 시절부터 하나님의 특별한 섭리 가운데서 형이상학적 인식을 하게 되었으며, 이미 20대 초반에 뚜렷한 기독교 신앙의 자취를 보이기도 했다. 그러나 동백림 사건 이전까지는 술을 과도하게 마시는 등 그의 삶에서 일탈적 국면을 보이기도 하였지만, 동백림 사건 이후에는 기독교 신앙적 색채가 매우 뚜렷이 드러난다.

산문을 통해서 확인한 그의 기독교 신앙은 그의 다수의 시에서도 드러난다. 동백림 사건 전에는 「강물」처럼 기독교적 색채와 무관하다고 볼 수 없는 형이상학적 인식이 드러나거나 「새」처럼 기독교 신앙이 암시적으로 드러난다. 동백림 사건을 거치면서 70년대 이후에는 「주일 · 1」 같은 일련의 작품을 필두로 「나무」 같은 시에서 보이듯 기독교적 신앙이 작품 전면에 직접적으로 드러난다.

우선 본고는 이렇게 천상병이 기독교 시인이라는 관점에서 논의되어야 할 당위성을 제공하는 것으로 만족하고자 한다. 끝으로 덧붙이고자 하는 바는 천상병의 기독교 신앙이 무교회주의적 색채를 띠면서 다원주의적 경향을 드러낸다는 점인데, 이는 기존의 한국을 대표하는 기독교 시인들의 근본주의적 관점과는 사뭇 다른 국면이다.[21] 이런 측면도 한국 기독교시사에서는 특별한 프로테스탄티즘으로 주요 관심사가 될 수 있을 것이다.(2008년)

21) 천상병은 「돈이 생기면 몽땅 주련다」(『散文 천상병 전집』 p.153)에서 "우리는 기독교와 천주교와 불교를 믿을 일이다. 그러면 마음이 행복해지고 도둑질도 안 하고 편하게 살 수 있다. 제발 천주교나 기독교나 불교를 믿게 해 주시오."라고 말하듯이, 천상병은 다원주의적 시각을 지닌다. "나는 지금까지 약 30년 동안은/명동 천주성당에 다녔는데/그러니까 어엿한 천주교신도인데도/81년부터는/기독교 연동교회로 나갑니다./주임목사 김형태 목사님도/대단히 훌륭하신 목사님으로/그리고 기독교방송에서/그동안 두 번 설교를 하셔서/나는 드디어 그분의 연동교회엘/나갈 것을 결심하고 나갑니다./교회당 구조도 아주 교회당답고/조용하고 아늑하여 기뻐집니다./아내는 미리 연동교회였으나/그동안 가톨릭에 구애되어 나 혼자/명동 천주성당에 나갔었으나/그런데 81년부터는 다릅니다./한번밖에 안 나갔어도 그렇게 좋으니/이제는 연동교회에만 나가겠습니다./물론 개종은 않고 말입니다./배신자라는 말 듣기는 아주 싫습니다." 이 「연동교회」에서도 탈 경계의식을 보인다. 천상병의 기독교 신앙은 다른 종교에 배타적인 정통 기독교적인 시각과는 사뭇 다르다. 본고에서는 기독교 시인 천상병이라는 당위론 위주로 다루다보니, 그가 다원주의적 관점에서 기독교를 주체적으로 수용한 것에 대해서는 구체적으로 논의하지 못했다.

【참고문헌】

강희근, 「천상병 시인의 행적과 시의 흐름」, 경남작고문인 문학심포지엄 2007. 12. 1. 경남문학관.

우찌무라 간조, 『우찌무라 간조 全集〉』 제1권, 크리스찬서적, 2000.

이경철, 「한국 순수시의 서정성 연구-천상병, 박용래 시를 중심으로」, 동국대 박사논문, 2007. 6.

천상병, 『詩 천상병 전집』, 평민사, 1996.

천상병, 『散文 천상병 전집』, 평민사, 1996.

하현식, 『한국기독교 시평설』, 창조문예사, 2007.

한홍자, 『한국의 기독교와 현대시』, 국학자료원, 2000.

박재호의 원형적 초상

1. 프롤로그: 변방을 떠돈, 잊혀진 시인 박재호

박재호의 시를 읽으며 생뚱맞게 백석의 「흰 바람벽이 있어」한 구절이 떠오는 것은 무슨 일일까.

> –하늘이 이 세상을 내일 적에 그가 가장 귀해하고 사랑하는 것들은 모두
>
> 가난하고 외롭고 높고 쓸쓸하니 그리고 언제나 넘치는 사랑과 슬픔 속에 살도록 만드신 것이다
>
> —백석, 「흰 바람벽이 있어」 부분

박재호는 1927년 밀양 출생으로 1955년 조지훈, 이한직, 박남수 시인이 『문학예술』 지에 「작은 고동」을 추천하여 등단하고, 다시 1959년 『사상계』 신인상으로 문단에 나왔지만, 그의 문단생활이

나 삶에는 운명적 비극성이 투영되어 있다. 『문학예술』지로 등단 후 시인은 토목업에 종사하며 행방을 감추었다가 다시 『사상계』로 나와 밀양에서 시동인지 『石花』를 창간하여 동인활동을 하는 등 활발한 문단활동을 하는 듯했으나 한곳에 정착하지 못하고 밀양, 부산, 서울, 마산 등지를 떠돌이 생활을 하였다.

그러나 1976년 마산으로 와서 지인들의 도움으로 KBS 방송국 스크립터, 경남신문 논설위원, 경남대 출강, 해조출판사 운영 등의 일을 하며 1981년 『간이역』을 간행하고 1982년 경상남도 문화상을 수상하는 등 그의 문학을 꽃 피우려던 차에 1985년 갑작스럽게 뇌출혈을 일으켜 결국 뇌사상태에 빠져 비극적 생을 마감하였다. 생전에 두 번째 시집을 다 준비해 놓고 뜻하지 않게 타계하는 바람에 지인들의 주선으로 1987년 유고시집 『낙도산조』가 도서출판 경남에서 출간되었다.

> 朴載護兄과의 만남은 60년대 초반으로 거슬러 올라간다. 密陽의 『石花』동인으로 그곳에서 『아랑제』를 가꾸어온 朴兄과 첫 인사를 나눈 것이 엊그제 같은데 벌써 朴兄은 우리곁을 떠나고 없다.
>
> 그때 만해도 密陽에는 『石花』동인을 대표하는 박재호, 류종관, 이운성, 육종숙씨 등 향토시인들이 지키고 있어 밀양 아랑제가 열릴때마다 얼굴을 대할 수 있었다.

이 글은 유고시집의 이광석 시인이 쓴 「序에 대신하여-다시 朴載護 兄과의 만남」 중 일부이다. 이 글에서도 확인할 수 있듯이 박재호 시인이 등단 이후 밀양에서 『石花』 동인 활동을 주재하고, 밀양 아랑제를 중심으로 문화예술활동을 왕성히 하며, 『釜山禮統』 초대 사무국장을 맡는 등 경남, 부산 문단권에서 매우 활발한 활동을 보였지만 박재호에는 한국문학사는 물론 지역문학사에서도 제대로 조명을 받지 못하고 있다.

> 1955년 『文學藝術』지를 통해, 그리고 1959년 『思想界』지를 통해 등단한 박재호는 이 무렵 신인들의 일반적 정서인 감상 · 우수를 드러내는 쪽에 섰다. 제목부터 기차가 스쳐 지나가는 보잘 것 없는 역인 간이역을 다룬 「簡易驛 1」, 「簡易驛 2」에서 전후의 쓰라림, 우수, 스산함을 기본정서로 한, 그것에 접근하는 방식 또한 스케치풍을 벗어나지 않는 면모를 보여주었다. 시집으로 『簡易驛』(1981)과 유고집 『落島散調』(1987)를 남겼다.

『경남문학사』(1995)에 강희근 교수가 언급한 내용 전부이다. 그동안 그에 대한 연구 미진으로 경남문학사에서도 제대로 평가받지 못하는 것이 그의 현주소이다.

> 朴詩人은 물구나무 선 王朝에 살다 갔다. 生活이라는 무서운 外傷은 그에게서 時間을 마비시켜 갔고 그 時間을 찾아 驛馬살이 들었어도 그는 항상 簡易驛을 만들었을 뿐 生活도 詩로 本驛을 만들지 못한 憂愁의 皇帝, 물구나무 선 王朝의 皇帝였을 뿐이다.

전문수 교수가 작품론으로 유고시집 말미에 붙여 놓은 일부이다. 여기서도 박재호 시인은 생활도 시도 本驛을 만들지 못한 우수의 황제로 평가된다.

변방을 떠돌다 생전에도 사후에도 제대로 평가받지 못하고 잊혀진 박재호 시인에 대해 그나마 제대로 된 관심을 보인 것이 박명영의 2003년 경남대 석사논문 「박재호 시 연구」이다. 박명영은 전기적 고찰을 통해서 "개인의 상처를 짊어진 채, 고독과 방랑의 삶을 살았으나 상처를 자신의 아름다운 서정시로 승화시킨 시인으로 경남 지역문학사에 기억해야 할 시인"으로 조명했다.

박명영이 석사논문으로 박재호의 지역문학사에서 기억할 시인이라고 밝혔으나, 다시 10년 동안 그대로 묻혀져 있던 박재호 시인을 이번 경남문학관 작고 문인 세미나로 재조명하게 된 것은 때늦은 감이 없지 않다.

2. 트라우마와 자화상

박재호 시인은 두 개의 큰 트라우마를 평생 지니고 살았다. 박명영이 박재호의 막냇동생 박재창의 증언을 토대로 전기적 기술을 한 것에 따르면 박재호의 아버지는 김천으로 이주하여 유기사업을 하였는데, 큰 성공을 거두었다. 덕분에 박재호는 학창시절을 유복하게 보냈다. 박재호 아버지는 떠나온 고향에 잃었던 조상의 땅을 사야한다는 일념으로 김천에 땅 한 평 사두지 않고 거액을 은행에 예치했는데, 한국전쟁이 발발하자 격전지였던 김천에서 현금을 보유하고 있던 산업은행의 전화로 결국 가산이 몰락하는 결과를 빚는다. 유복한 가정에서 전란으로 갑자기 몰락한 것이 박재호에게는 트라우마로 자리 잡게 된다.

또 하나의 트라우마는 조국이 광복을 맞게 되는 해 서울대 입학을 하고 2학년 무렵 기숙사 생활 중 동상에 걸렸는데 그것이 계기가 되어 결국 열 손가락이 오그라들게 되는 평생의 장애를 가지게 된 것이다.

언제나 낯이선
行色

거울이
外面를 일삼는다
입쯤이냐
셋쯤이 되어 무방하겠지만

〈고흐〉처럼
귓밥 하나만으론 어쩐지
눈이야
감아 버리면

흔들리는 거울도 멈춰 설 것을
입은 제멋데로

달아 날려고 발버둥을 치는데

微笑를 위한
입 하나와
제대로 할말을 다하지 못하는
입하나와

그리고
영영 열지 못하는 입하나에는
담배 한 대만 내어물리고
나는 항상
거울 앞에서 떠날 채비를 차린다

—「自畵像」 전문

'언제나 낯이 선 行色'은 현실과 불화하는 자아 인식이다. 자아를 비추는 거울은 내면보다는 外面을 일삼는다. 외면을 중시하는 사회, 간판을 중시하는 사회에서 '고흐'의 자화상처럼 현실적 관점에서도 아니 화자 자신의 입장에서도 낯선 풍경일 수밖에 없다. 일그러진 표정의 화자의 쓸쓸한 내면풍경이 여실하다. 화자는 입은 셋쯤 있어도 무방하다고 말하면서, 하나는 미소를 위한 입, 하나는 제대로 할 말을 다하지 못하는 입, 그리고 영영 열지 못하는 입에는 담배 한 대 물린다. 하고 싶은 입이 셋이라도 미소만 짓고 마는 화자. 매양 낯선 풍경이다. 보고 싶지 않는 현실, 낯이 선 行

色이야 눈 감으면 그만이지만 입은 자꾸만 달아나려고, 말하려고 발버둥 친다. 그래도 미소만 지을 수밖에 없는 기막힌 현실 속에서 고흐처럼 귓밥 하나만으로는 안 되고 말하고 보고 하는 것보다는 듣고 생각하는 쪽으로 기운 듯하다.

그러면서 화자는 거울 앞에서 떠날 채비를 차린다고 말한다.

> 나의 손은
> 항시 차가웁다.
> 冷藏室에서
> 막 찾아 낸 술병처럼
>
> —「손 · 2」 부분

> 나의 손은
> 언제나 다름없이 그냥 허전해 진다.
>
> —「손 · 3」 부분

박재호의 화자는 현실에서 낯선 行色의 자아로 존재한다. 그래서 정주하지 못하는 자아의 방황은 자유롭지 못한 손으로 해서 더욱 슬프다. 현실을 취하지 못하는 손의 트라우마, 가산을 지키지 못한 아버지의 그것까지 겹쳐서 그의 낯선 행색은 더욱 처연하기까지 하다.

3. 간이역에서 낙도로, 신화의 세계로

거울 앞에서 떠날 채비를 하는 박재호의 화자는 간이역에 서 있다.

햇살속에 물구나무 서있는
어느 王朝의 風景畵가

자꾸만
車窓에 매달리는
어느 寒驛의 가을날

–「簡易驛 · 1」 부분

징징 울어대는
플벌레소리에 쫓기어
車票한장 사본다.

–「簡易驛 · 2」 부분

体溫을 갓 옮겨 담은
車票 한 장을 손에 쥐고
出札口에서 밀려난다

–「簡易驛 · 3」 부분

'간이역' 이 환기하는 것도 변방지대이다. 본역이 아닌 간이역은 화자가 처한 실존의식을 드러낸다. 간이역에서 화자는 어디론가 떠나야 하는 것이다. 「簡易驛 · 1」에서 화자는 간이역두에 스치는 가을을 본다. 잊혀진 시간 위로 긴 목청을 가끔 돋우는 기적소리에 눈물을 찔끔거리고 허망한 손짓도 해본다. 그에게 투영된 것은 햇살 속에 물구나무 서 있는 어느 왕조의 풍경화가 寒驛에 매달리는 것이다. 그가 처한 실존은 뒤집힌 왕조의 풍경이고 그것도 寒驛이다. 그의 트라우마는 이렇게 간이역에서도 나타난다. 「簡易驛 · 2」도 그렇고 「簡易驛 · 3」도 '간이역' 에서 마냥 머무를 수가 없다. 어디든 떠나야 하기에 차표 한 장을 손에 쥐고 出札口서 밀려난다.

그러나 화자가 가는 곳은 '낙도' 이고 '신화' 의 세계이다. 그의 시간 속에는 삶의 현실공간이 부재한다.

> 마파람을 안고
> 깊은 잠에 醉해 보라
>
> 한 盞 기우리고
> 〈첼로〉의 無伴奏 〈소나타〉에도
> 잠뿍 醉해 보라
>
> 나뭇잎들은
> 고함을 지르며 떨어져 오고

冬柏꽃 가지에 찌들은
순수한 바람기들이 자꾸만
그림자처럼 뒤를 밟아 온다.

푸두둑 요가를 하는 뭇새들은
迷兒가 되어 눈물을 훔치고

산마루에는
國籍이 아리숭한 指紋과 깃발들이
그냥 나딩굴고 있는데

磁場을 빗나간 時間들을
손짓해 보는 저 허망한 노을들의
황홀한 눈웃음을 또 누구가
탓을 할까

—「落島散調 · 1」 전문

박재호의 화자가 보았던 간이역에서 물구나무 선 어느 王朝의 風景畵가 환기하듯, 磁場을 빗나간 잃어버린 시간의식이 주조를 띤다. 그에게 현실은 실낙원의 그것이다. 낙원을 찾아 落島로 갔을지라도 뭇새들은 迷兒가 되어 눈물을 훔치고 산마루에는 국적이 아리송한 지문과 깃발들이 그냥 나뒹굴고 있다. 현실의 상처를 입지 않았을 것으로 여겨지는 원거리의 낙도에도 참화의 흔적은 존재하고, 이곳 역시 소외되고 버려진 실낙원에 다름 아니다. 허망한 노을들의 황홀한 역설적 눈웃음을 탓할 수가 없다.

生活은
아직도 무명옷 바래듯
파아랗게 젖어 있는데

추녀 끝에는
또닥또닥 소리를 흘리며
눈이 녹아 내린다.

落島란
귀양살이 하는 風情으로
세월을 엮가야 하는 法

—「落島散調 · 10」 부분

현실 저편의 낙도 역시 실낙원임이 드러났다. 현실 저편의 낙도의 생활도 무명옷 바래듯 파랗게 젖어 있는 걸로 보아서 전혀 개선된 것도 개선될 조짐도 없다. 계절은 눈 녹는 소리로 보아 곧 봄이 올 듯하지만, 봄이 온다고 한들 화자에게 희망은 올 것 같지도 않다. 그래서 낙도란 귀양살이 하는 風情으로 세월을 엮어가야 하는 법이라고 말한다.

할 일을 찾아 헤메던
허전한 손도

바닷물에 담구었다가
치껴들면

신기한 열매가
落下를 하듯
달빛이 주루룩 흘러내린다

새삼 잃었던 것을
되찾기 위해
또다시 담구었다가
흔들어보는 허전한 손에서는

時間이
흘러 내리고 있다

바람에 흐느적거리는
神話도 흘러내리고 있다.

—「神話(1)」 전문

또 하나의 탈구로서 '神話' 의 세계가 있다. 할 일을 찾아 헤매던

허전한 손의 트라우마는 신화의 세계에서 극복되기를 바란다. 현실세계에서 할 일을 찾아도 잡을 수 없는 손의 트라우마. 그 트라우마를 신화의 세계에서 치유하고자 한다. 바닷물에 담구었다가 치켜들면 온전한 손으로 회복되는 것이 신화의 세계다. 바다는 원형적 상징으로 새로운 생명을 환기하는 것이다. 그러나 바다에 담구었다가 치켜들어도 달빛이 주루룩 흘러내리고, 다시 반복하여도 시간만 흘러내리고 있다. 신화마저도 흘러 소멸하고 만다.

4. 에필로그

유고시집에는 박재호 시인이 작고하기 며칠 전에 써 놓은 후기가 있다. 아래는 그 일부이다.

> 항상 비어 있으며 또한 흐르고만 있는 흐르는 形像性에 支配당해 온 나날들, 虛無와 實存, 순수와 참여, 낡음과 새로움이 엉켜서 뒹구는 혼돈 속에서 자기의 모습을 찾아내기란 진정 힘겨운 課題다.

박재호의 삶과 시를 압축적으로 기술하는 것 같다. 유복한 가정환경에서 자라다 전란을 만나 갑작스럽게 가산이 붕괴되고, 손의 장애마저 얻어 서울대 졸업도 결국 하지 못하게 된 가운데, 이후 박재호의 삶과 예술은 어느 한곳에 정주하지 못하고, 밀양에서 김천, 부산, 서울, 마산 등지로 흘러 갔고, 그의 손은 항상 비어 있었다.

그에게 이 땅은 실락원이었던 것이다. 그래서 그의 시에 주된 이미저리로 등장하는 것이 간이역, 낙도, 신화(우화)로, 이는 그의 삶과 예술이 중심에 거하지 못하고 변방지대로 흘러갔던 것을 표상한다. 박재호의 시(예술)는 그의 삶을 그대로 빼닮았다. 삶과 시의 거리가 없다. 그의 삶이 시였고 시가 삶이었다는 것이다.

삶도 그렇고 그의 예술도 이제까지 제대로 조명되어본 적이 없는 시인 박재호. 변방을 떠돈 잊혀진 시인 박재호는 역설적으로 우리 지역문단에서 찾아보기 힘든 떠도는 자의 원형성을 상징적으로 드러낸 시인이다(『石花』동인지를 내면서 밀양문학의 뿌리가 되었고, 경남문단으로 자리를 넓힌 박재호 시인. 그의 고향 밀양에서부터 소중한 문화적 자산으로 인식하고 조명해야 마땅하다 하겠다).(2013년)

【참고문헌】

『慶南文學史』, 경남문인협회, 1995.
박명영, 「박재호 시 연구」, 경남대 석사논문, 2003.
박재호, 『簡易驛』, 海藻文化史, 1981.
박재호, 『落島散調』, 도서출판 경남, 1987.

넋의 언어 전기수

1. 전기수의 시세계를 조명하는 방법

전기수는 1928년 9월 5일 경남 거창읍 송정리에서 출생하여 1959년『현대문학』에 추천완료된 이후 2003년 5월 11일 작고하기까지 시인으로 한결같은 행보를 보여주었다. 그는 생전에 창작시집 8권-제1시집『祈願』(文學社, 1963), 제2시집『殘雪』(青雲出版社, 1966), 제3시집『봄편지』(現代文學社, 1971), 제4시집『南海島』(現代文學社, 1981), 제5시집『밤바람에게』(月刊文學史, 1983), 제6시집『四節의 노래』(月刊文學 出版部, 1989), 제7시집『續 · 四節의 노래』(文協出版部, 1993), 제8시집『山河』(도서출판 경남, 1999)-과 시선집『全其洙 詩選』(시로, 1985), 수필집 3권을 출간한 바 있다.

일찍이 교직에 투신하여 1994년 2월 정년퇴직하기까지 경남지역 여러 곳에서 교편을 잡았고, 그리고 시인으로 한평생을 순수하게 살았던 것이다. 시인 전기수는 30대 초반에 등단하였지만 20대에도 시를 꾸준히 쓴 것으로 보인다. 제2시집 『殘雪』 '序' 에는 제1시집 『祈願』이전의 20대 젊은 시절에 썼던 12편을 수록해두고 있다. 이 작품군은 제2시집 『殘雪』 4부에 20대에 쓴 수많은 것 가운데 골라 수록한 것이다. 이 작품들은 "나의 귀중한 二十代의 젊음이 세상 모르는 꿈에서만 살고, 憧憬과 苦悶으로만 一貫하면서 그것을 一管의 詩筆에다 依託함으로써 빛을 찾던 일을 돌아다봄은 실로 애달프고 恨스런 느낌이다."라고 『殘雪』 '序' 에서 밝힌 대로 청춘의 낭만이 고스란히 드러난다. 이 작품군에서 두드러지는 것은 봄의 이미저리다.

묵은 이끼 엉성거려 억눌리힌 숨김이 갇힌 곳
답답워라 미나리꽝 언저리에
어느 날 오후부터였던가
발랄한 少年의 시선 같은 싹

—「早春賦」 부분

메마른 뜰 앞의 흙더미 속에
새 김이 피어오르고
山허리 가파른 언덕 아래
파아란 싹이
고개를 들어 숨을 쉰다.

—「三月」 부분

복사꽃잎은

바다에 지고……

—「봄 바다」 부분

봄이란 슬픈 寂寞인가.

이렇게 호젓한 山村에

달빛만 차(滿)고

꽃잎만 진다.

—「봄 밤」 부분

20대 작품군에서 두드러진 봄 이미저리지만 전자의 두 편은 꿈과 동경의 희망을, 후자의 두 편은 꽃잎이 지는 조락의 슬픔을 투영시키고 있는 것이다. 20대 젊은 시인은 봄의 이미저리를 두 개의 시선으로 바라보고 있으나, 그것이 다소 감상적이고 상투적인 모습을 보인다. 그것은 아마, 서문에서 밝힌 것처럼 젊음의 憧憬과 苦悶을 봄을 상관물로 소박하게 노래한 때문이었을 것이다. 따라서 20대의 작품군은 전기수의 습작기의 작품으로 보면 될 것이다. 여기서 확인되는 것은 전기수가 30대 초반에 추천완료하였지만 20대에 이미 수많은 작품을 쓰면서 발표하기도 하는 등 탄탄한 습작기를 거쳤다는 점이다.

전기수는 20대부터 시를 쓴 이후 작고할 때까지 현역시인으로 시작활동을 꾸준히 하면서 생존 당시 경남지역의 대표적인 순수

서정시인으로 자리매김되었지만, 그가 일생을 시에 전력투구한 만큼 전국시단에서는 다소 소외된 듯하다. 이제 작고 1주기가 가까운 이즈음 그의 시세계를 제대로 정리할 필요를 느끼게 된다. 전기수는 『경남도민일보』(2001. 10, 18)의 '갈림길 28' 에서 "시를 쓰게 된 것은 아마 어린 시절 살았던 거창의 빼어난 자연풍광 덕분이었던 것 같다. 집 뒤 대밭들이 서로 몸 비비는 모습을 보고 바람과 수군대는 소리를 들으며 자랐고, 밤밭 우거진 들판과 산자락은 참된 아름다움이 무언지를 가슴 깊숙이 심어주었다."고 전제하고 "고향 덕분에 서정과 자연을 노래하며 문학으로 살아온 한 평생, 하지만 옛날 그 엄격했던 추천제도가 떠안긴 등단의 어려움을 견뎌내지 못했다면 인생이 어떻게 됐을지, 한 번 생각해 본다."고 토로한 적이 있다. 여기서도 알 수 있듯이, 자연풍광은 그의 시심을 키웠고 또한 그의 미의식도 키운 것이다. 그는 「나대로의 詩-詩作노트」(『詩文學』1966. 1)에서는 "나는 詩를 통해 인간 정신의 '영원성' 을 탐구하고 싶다. 해를 거듭함에 따라 相貌를 달리하는 정서가 아니라, 임종 때 읽어도 그립고 맑은 감정의 샘이며 정신일 수 있는 '영원성' 이다. 그래서 나는 일상의 풍속성을 무시한다. 찰라의 현상이요 타산으로 얽힌 '일상' 을 얼마든지 무시하며 지낸다. 시달리기만 하는 영혼이 구원받는 길은 잠시나마 '영원' 에의 갈망이라면, 나의 詩는 '救援에의 祈禱' 인 것이다."라고 지적한 바도 있는데, '영원성의 탐구' 와 '영원에의 갈망' 은 전기수 시세계의 궁극적인 지향의식으로 볼 수 있는 것이다.

실제로 그의 시작품 속에는 세속적 삶의 현장인 도시공간은 찾아볼 수가 없고 산, 계곡, 개울, 들, 바다, 하늘 등 순수자연만이 존재한다. 간혹 인물이 등장하는 경우에도 아기이거나 아니면 노인이 등장할 뿐이다. 전기수의 시는 세속의 잡사로부터 벗어나 자연을 周遊하면서 영원에의 갈망을 보여주고 있는 것이다.

이 가을, 萬物이 익어가는 가을날에
成熟한 한 개의 열매를 찾기 위하여
나는 세상의 어디로든 길 떠나가리로다.

허허벌판, 어느 푸서리를 나돌아보거나
깊은 산 속, 바위너설을 타고 넘어서거나
낭떠러지 아래 쏠을 서덜에 다다라도
그 한 그루 果樹는
세상의 어딘가에 반드시 結實해 있으리니.

藍靑빛 하늘 아래 아롱진 햇살을 받고,
五色진 잎사귀에 싸여서
터질 듯 터질 듯 무르익은
한 알의 눈부신 열매.
주먹만한 크기의 길동그란 모양이
함함한 껍질은 등갈색으로 물들고
달디 단 향기를 은근히 내흘리며
가늘은 가지 끝에 사뿐히 매달린 열매.

그것을 따서 어루만지다가
이윽고 껍질을 깨뜨리면
올찬 속살에서 뚝뚝 듣는 새맑은 汁……
그 열매를 따 먹으면
뿌리 깊은 목마름이 가시어
그지없는 괴로움이 다하여지고
淸淨한 생각이 샘솟아나서
두 눈엔 기쁨이 차오르리라.

이 가을, 이 세상 어딘가에 있을
그 열매를 찾으러 나는 길 떠나가리로다.

—「가을날에」 전문

이 작품은 제6시집의 수록된 것으로 전기수 시세계의 지배적 모티브를 제공한다. 만물이 익어가는 가을날에 한 개의 열매를 찾기 위하여 세상의 어디로든 길 떠나가리로다라고 노래한다. 허허벌판 어느 푸서리를 나돌거나 깊은 산속, 바위너설을 타고 넘어서거나 낭떠러지 아래 쏠을 지나 서덜에 다다라도 한 그루 과수는 세상의 어딘가에 반드시 결실해 있으리라고 확신한다. 그 열매를 따 먹으면 뿌리 깊은 목마름이 가시어 그지없는 괴로움이 다하여지고 청정한 생각이 샘솟아나서 두 눈엔 기쁨이 차오르리라는 것이다 그래서 이 가을 세상 어딘가에 있을 그 열매를 찾으러 길 떠나가리로

다라고 노래하는 것이다. 그 열매는 전기수가 꿈꾸는 영원의식을 표상하는 것이다.

전기수의 시세계는 앞서 지적한 바대로 자연을 周遊하면서 영원을 탐색하는 것이다. 제1시집에서 제8시집까지는 몇 굽이의 여정으로 구분해 볼 수 있는데, 크게 전후기로 나누어진다.

전기수의 시세계를 전후기로 나누면, 제5시집 『밤바람에게』가 그 기점의 주요한 단서를 제공한다. 이 시집 '序'에서 "이 詩集은 나의 第四시집 「南海島」에 앞서 나왔어야 할 것이었는데, 나의 生活事情上 이제야 나오게 되었다."면서 1부에서 3부까지가 바로 「南海島」이전의 작품이라고 밝히고, 이들 작품을 쓴 약 6,7년간의 세월은 정신생활에 있어서 큰 시련기였다고 기술하고 있는 것이다. 그 시련이 무엇인지 정확하게 알 수는 없는 노릇이지만 아마, 가정사적인 시련이 있은 듯하다. 그 일을 계기로 전기수는 詩作의 전환점을 맞이한 것으로 보인다. 이 이후 그는 '南海島'의 바다를 시작으로 四節의 산과 들판과 같은 자연 周遊에 나서게 된 것이다. 따라서 그의 시세계를 전후기로 구분해 논의할 수 있을 것이다.

2. 자연을 周遊하며

전기수의 시를 통독하면서 참 애잔한 느낌이 가슴에 차올랐다. 그것은 일생동안 안착하지 못하고 방황하는 한 영혼의 편력을 보는 듯해서다. 일찍이 세사의 덧없음을 깨달은 탓인지, 세사의 시시비비에 일절 간여하지 않고 산과 들과 강과 바다를 周遊하면서 그 속에서 영원한 삶의 가치를 탐색하는데 골몰한 것 같다. 그러나 그 탐색이 어떤 결실을 거두지 못한 것이다. 앞의 시 「가을날」에서 노래한 '그 열매'를 따먹어보지도 못하고 일생을 안착하지 못하고 주유한 것처럼 보이는 것이다. 이것이 전기수 개인의 편력으로 끝나는 것이 아니라 대다수 인간의 전형적 모습을 보는 것 같아 더욱 심금을 울리게 한다.

山 山의 고요함이 꽃속에 들고
山 山의 맨드리가 꽃에서 나면
발 벗고 지치도록 안기리로다.

—「山 길」(제1시집) 부분

나그네들이여
참으로 우리들이 해야 할 일은
개울가에서 낙엽의 수를 세어 보는 일이요
떠날 때엔 그것을 잊어버리는 일이 아닐 건가?

—「無爲-海印寺 溪谷에서」(제2시집) 부분

山길로 한참을 걸어오다 재를 하나 넘어서자 얼음 깔린 개울가에 논배미 서너 뙈기 누워 있고, 희끗희끗 눈 녹은 논 구석에 山까마귀 한 마리 漆黑의 언 날개를 지는 햇살에 녹이며 서성거리다가 인기척에 놀라 불쑥 날아오름과 마주쳤을 때 문득 느끼는 내 죽음의 고요한 그날의 마지막 黃昏!

—「겨울날에」(제3시집) 전문

전기수의 시는 일단 삶의 현장에서 떠나 주유하는 여정 속에서 이루어진다. 위에서 인용한 길은 세 시집에서 거의 무작위로 뽑았는데 공교롭게도 산길이다. 제1시집의 '山 길'에서는 산에 핀 꽃에 발벗고 지치도록 안기리로다고 노래한다. 꽃이 자연의 생명이나 아름다움을 상징하는 것이라면 화자가 안식을 얻는 것이 무엇에서인지 알 만하다. 제2시집에서는 海印寺 溪谷에서 단풍山을 둘러보며 단풍잎을 매만지고 단풍 가지를 虛空에서 웃어주는 일이라고 전제하고는 나그네들에게 참으로 우리가 해야 하는 일은 개울에서 낙엽의 수를 세어보는 일이요, 세면서 물살에 띄워보는 일이요, 떠날 때엔 그것을 잊어버리는 일이 아닐건가라고 노래한다. 인위를 부정하는 老莊의 무위자연의 경지를 보인다. 자연에서 자연의 섭리를 배우고 또한 자신도 그렇게 실천하고 싶은 마음을 투영하는 것이다. 제3시집의 겨울날 山길에서 만난 山까마귀를 보고 죽음의 고요한 그날을 떠올린다. 이처럼 전기수 시는 人의 거리를 벗어난 자연에서 삶의 안식을 구하고자 하고 또한 자연의 이법에서 생의 의미를 탐색하고자 하는 것이다.

그가 이렇듯 人의 거리를 벗어나서 자연 속에서 삶의 의미를 탐색하는 것은 어쩌면 자연도피라는 질책을 받을 수도 있겠지만 일찍이 세사의 덧없음을 깊이 깨달은 때문이 아닌가 한다. 물론, 그것이 더욱 구체화된 것은 후기에 해당하는 제4시집『南海島』이후라고 볼 수 있다. 그것은 그의 개인사적인 큰 시련 때문으로 보인다. 앞에서 지적한 바대로 제5시집 『밤바람에게』에 수록된 1,2,3부는 제4시집 이전의 작품군이다. 다시 말해 이 작품군은 전기수생의 큰 시련기의 산물이다.

간밤엔 그리도 비가 내리고
내 슬픔 아직 깨어나지 못한
새 날의 한아침
滔滔히 흐르는 溪谷의 물!
그 사이, 희고 검은 세월이
걸음걸음 내 발 밑으로 無數히 흘러가고
心臟은 밤마다 낡아만 간다.

—「아침 길에」 부분

바람이여, 어느 멀리 歸鄕하려는가?
나에겐 돌아갈 未來의 棲息地가 없고
으깨진 心臟을 기워 줄
한 사람의 伴侶도 나에겐 없다.

—「밤바람에게」 부분

뜰녘의 꽃밭에서 활짝 피어난 白木蓮 그늘에 들어서도 후끈한 꽃내음이 싫고, 이윽고 차례 차례 피어나는 붉고 희고 노오란 꽃들에게서도 꽃 내음이 끝내 마음에 젖어들지 않음은 올봄에 네가 내 곁을 떠나가면서 너는 나의 안 무언가를 앗아가 버린 때문이 아니겠는가?

—「春愁」 부분

위의 작품들은 모두 시련기의 정서를 노래하고 있다. 「아침 길에」서는 비가 내린 아침 길에 滔滔히 흐르는 溪谷의 물이 희고 검은 세월을 투영시키고 그 속에서 화자의 心臟이 밤마다 낡아갔음을 노래한다. 쉽게 말해 그것은 고통이고 괴로움이고 참혹함이다. 「밤바람에게」서도 밤바람의 매서움이 화자에게는 고통을 환기하면서 나에게는 돌아갈 미래의 棲息地도 없고 으깨진 心臟을 기워줄 한 사람의 伴侶도 없다는 인식으로 귀결된다. 「春愁」에서는 앞의 고통스러운 것이 무엇 때문임을 짐작하게 한다는데 관심을 끈다. 전기수는 그의 작품에서 人事를 배제하고 자연을 주로 노래했기 때문에 그의 구체적 삶의 요소를 추적하기 어렵다. 그런데도 「春愁」에서는 올봄에 네가 내 곁을 떠난 사실을 밝히고 있다. 그래서 뜰녘의 꽃밭에서 활짝 피어난 白木蓮 그늘에 들어서도 후끈한 꽃 내음이 싫고 차례차례 피어나는 붉고 희고 노오란 다른 꽃들의 내음도 역시 마음에 젖어들지 않는다는 것이다. 이것이 모두 내 곁을 떠난 '너' 때문이라고 명시하고 있다. 거듭 지적하지만 이 시기에 가정사적인 큰 시련이 있은 것으로 판단된다. 이것은 전기적 고찰을 통해서 앞으로 해명되어야 할 것이다. 예시한 작품 외에도 제5시집 『밤바람에게』에 수록된 1,2,3부 거개의 작품들도 역시 시련기의 정황을 두드러지게 드러내고 있다.

3. 자연에서 영원을 꿈꾸다

전기수는 혹독한 시련기를 거치고 나서 『南海島』, 『四節의 노래』, 『續 · 四節의 노래』, 『山河』 등의 시집들에서 더욱 구체화된 주유 자연의 여정을 보이는 것이다. 그것은 시련기를 거치면서 더욱 세사에서 벗어나 방황하는 영혼을 달래기 위하여 바다, 산야를 주유하면서 세사를 초월할 수 있는 영원성에 대한 갈망을 보여준 것이다. 『南海島』에서는 바다를, 『四節의 노래』 · 『續 · 四節의 노래』에서는 사계절의 산과 들판을, 『山河』에서는 그 통합된 자연세계를 노래한 것이다.

그런데 초기의 세사를 비껴선 시적 행보는 시련기를 거치면서 자연 속에서 꿈꾸는 이상세계에 대한 탐색으로 나아간 경향이 뚜렷하다.

> 꿈 같은 한 세상은 아무래도 여기 있어라.
> 비 갠 午後의 눈부신 햇살 속
> 생각할 것 아무 것도 없는 느낌으로
> 바다를 바라보며 길을 걸을 때
>
> —「雨後에」(제4시집) 부분

> 神秘한 빛살이 엉기어서
> 이승을 벗어난 한 세상 같아
> 매양 그리움에 가슴 설레게 되리라.

—「물 나간 자리」(제5시집 4부) 부분

넓디 넓은 들 가운데 나직한 山이 있고
山 기슭에 무성한 대나무가 있어
대숲을 둘러싸고 서른 채나 됨 직한
따사롭고 예스런, 꿈의 마을 들마을

—「들마을」(제6시집) 부분

사람과 짐승, 한 마음이 된
한 폭의 그림 같은 산 속의 봄갈이.

—「春耕」(제7시집) 부분

太古와 같이 고요한 낮
황홀한 빛깔에 젖어 있으면
삶과 죽음의 살피에 서면서
天地의 恩惠로움에 눈물겨워
바라는 새 世上을 꿈꾸게 하네

—「黃熟期」(제8시집) 부분

「雨後에」에서는 雨後 바라본 세상은 그가 동경하는 이상향의 포즈를 보인다. 비 갠 오후의 눈부신 햇살 속 가진 것 아무것 없는 생각으로 바다를 바라보며 길을 걸을 때 구름장은 찢어져 어지러이 몰려가고 보리밭은 골골이 주름지어 나부끼고 옷자락은 이끌리어 쉼없이 펄럭이는 바람이 불어오는 곳이 바로 그가 바라는 한 세상이라고 생각하는 것이다. 세사의 생각은 텅 비워두고 바라보는 햇살, 바다, 구름, 보리밭, 바람 등이 어우러져 있는 곳이야말로 그가 꿈꾸던 세상을 표상하는 것이다. 「물 나간 자리」에서도 「雨後에」와 마찬가지로 순수자연이 그가 꿈꾸는 한 세상으로 표상된다. 午後 한때 바닷물 나간 자리를 멀리서 바라보면 이름할 수 없는 여러 빛깔이 떠돌고 이름할 수 없는 여러 모양이 들어차 神秘한 빛살이 엉기어서 이승을 벗어난 한 세상 같아 매양 그리움에 가슴 설레게 하더니, 오늘 午後 그리움의 발걸음으로 그 바닷물 나간 자리에 가 본즉 머리 위로 갈매기 울음이 지나가고 無數한 조약돌만 깔려 있을 뿐, 잘디 잔 게구멍만 널려 있을 뿐, 그밖엔 아무것도 볼 수 없지만, 그러나 내일 또 午後가 되면 역시 神秘한 빛살이 엉기어서 이승을 벗어난 한 세상만 같아 매양 그리움에 가슴 설레가 되리라고 노래한다. 이로 보건대 전기수는 자연의 어느 한 순간을 포착하여 자신이 꿈꾸는 세상을 투영하고 있는 것이다. 「雨後에」와 「물 나간 자리」가 바다에서 그가 꿈꾸는 한 세상을 투영했다면 「들마을」과 「春耕」에서는 바다가 아닌 육지로 옮겨져 있다. 이것은 전기수가 제4시집에서 '南海島'을 테마로 노래했고, 제5시집의 4부를 거쳐 제6시집과 제7시집에서는 산과 들판을 周遊하면서 새로운 시적 모색을 한 것을 떠올려 보면 우연이 아니다. 전기수가 그리는 '들마을'은 대나무가 우거져 있고 사철로 해맑은 기운이 감돌고 대숲 아래 파아란 샘물이 솟아 흘러서 뭇 새가 날아와 지저귀는 곳이다. 그곳에는 주민들의 몸에서 풋내음이 나고 볼그레한 볼의 웃음 어린 얼굴로 언제나 가만한 말소리를 주고 받는다. 이런 들마을 이야말로 따사롭고 예스런, 꿈의 마을이라고 노래하는 것이다. 또한 그가 그리는 '春耕'은 한 폭의 그림 같은 산속의 봄갈이다. 진달래꽃 흐드러지게 피어 산바람에 하늘거리는 늦은 낮 산골짜기 다랑논을 암소 한 마리가 봄갈이하는 즉, 사람과 짐승이 한 마음이 된 그림 같은 풍경의 묘사다. 통합적 세계를 보이는 제8시집의 「黃熟期」에서도 결실의 황금 불길 속에서 그리던 久遠의 像을 떠올리며 바라는 새 세상의 꿈을 투영한다.

전기수가 꿈꾸는 이상세계의 이미저리는 앞서 살펴본 바대로 모두 바다, 들, 산 같은 人의 거리를 떠난 순수자연 세계로 나타난다. 그는 그곳에서 영원을 탐색하고 갈망하는 간절한 모습을 보인다. 그 구체적 정황은 다음 작품군에서 잘 나타난다.

> 빛나는 노오란 柚子들에게서 흘러내리는
> 새롭고 눈물겨운
> 이 永遠에의 느낌!
> 이 永遠에의 느낌!
>
> —「柚子나무 아래서」(제4시집) 부분

> 한 瞬間 나타난 아름다움이
> 永遠으로 이르는 것이 무엇인지 아는가?
> 여름날 소나기 갠 해질 무렵
> 東녘 바다 위에 둥두렷이 떠오른,

꿈에서도 볼 수 없는 무지개에서 나는 그것을 보았다

—「無題」(제5시집 4부) 부분

변함없는 저 푸른 하늘을 우러러보아
永遠을 굳게 느낌하는 것이 얼마나 큰 내 救援임이랴.

—「들길에 서서」(제6시집) 부분

드디어 목숨이 終焉을 맞는 날
그 때의「나」는 어디로 돌아갈 것인가?
「永劫」의 이름으로 불러 보는
저 하늘은 내 넋이 찾아갈 故鄕이어라.

—「가을 하늘 아래」(제7시집) 부분

下山하여 내 집으로 돌아가야 하리라.
내 몸과 맘, 쉬어야 할 방이야 있겠지마
다시 돌아가야 할 내 보금자리
내 魂靈의 보금자린 상기도 마련하지 못하였느니.

—「歸巢」(제8시집) 부분

「柚子나무 아래서」는 바닷가의 柚子밭에서 빛나는 노오란 柚子들에게서 흘러내리는 새롭고 눈물겨운 永遠의 느낌을 갖는다. 이 柚子는 그가 꿈꾸는 이상세계인 파아란 바다를 배경으로 하고 있다. 유한한 인간이 마치 무릉도원 같은 이상공간에서 영원히 살기를 꿈꾸는 것이 아닌가. 고통과 슬픔과 이별이 현존하는 현실세계에서는 한순간도 머무르고 싶지 않고, 꿈꾸는 이상공간에서 영원히 살고 싶은 것이리라. 「無題」에서는 한 瞬間 나타난 아름다운 무지개를 보면서 永遠으로 이르는 것을 꿈꾼다. 아름다운 무지개가 영원으로 이어지는 길을 예표하는 것으로 읽혀진 모양이다. 이 무지개의 공간적 배경도 東녘바다다. 끝없이 펼쳐진 바다 이미저리를 배경으로 영원을 탐색하는 것이다. 「들길에 서서」는 들길에 서서 푸른 하늘을 우러러보는 일이 기꺼운 일라고 노래한다. 地上에서 살아가면서 늘 듣고 보아야 하는 이 세상 구석구석의 거짓된 일과 밤낮없이 이기고 지는 辱된 싸움이 슬퍼질 때 변함없는 저 푸른 하늘을 우러러보며 永遠을 굳게 느낌하는 것이다. 지상과 하늘의 대조를 통하여 그의 영원의식을 드러내는 것이다. 지상이 현실세계를 표상한다면 하늘은 이상세계, 곧 영원성의 세계를 표상하는 것이다. 「가을 하늘 아래」에서도 '하늘'은 가장 이상적인 공간이다. 純潔한 것 모두 하늘에 들어 있어 어두움 씻어 내는 햇빛이거나 가슴 맑혀 주는 바람이거나 생각을 적셔주는 빗방울, 눈송이의 한결같은 純潔은 하늘에서 흘러내린다고 인식한다. 그래서 목숨이 終焉을 맞는 날, '永劫'의 이름으로 불러 보는 저 하늘은 내 넋이 찾아갈 故鄕이라고 생각한다. 이처럼 하늘은 지상의 한시적 생명을 뛰어넘는 영원성의 고향을 표상하는 것이다. 전기수는 '바다'나 '하늘' 이미저리로 영원성을 투영하면서 영원에의 갈구를 끊임없이 보여준다. 그러나 정작, 그는 바다나 하늘 이미저리에 표상된 영원성을 體現하지 못했다는데 안타까움이 있다. 그의 마지막 시집(제8시집)에 수록된 「歸巢」에서 西녘의 온 하늘이 붉은 놀 들어 찰 때 새 무리는 날개를 저어 수풀의 보금자리로 돌아가고 山짐승도 제 굴 속으로 돌아가고 벌레들도 제 구멍으로 돌아가련만 몸과 맘 쉬어야 할 방이야 있지만 다시 돌아가야 할 내 보금자리, 곧 魂靈의 보금자리는 상기 마련하지 못하였다고 고백하는 것이다.

4. 떠도는 넋의 시인

우리 현대 시사에서 전기수만큼 한결같이 자연서정을 노래한 시인은 그 유래를 찾아보기 힘들다고 하겠다. 자연서정을 노래하는 서정시인이라고 하더라도 잠시나마 역사나 세사에 관심을 표명하는 것이 인지상정이다. 그런데 전기수는 철저하게 人의 거리를 벗어나 산, 계곡, 개울, 들, 바다, 하늘을 노래하고 있다. 그만큼 일찌감치 세사의 부나 명예나 권세에 초연하고 자연을 周遊하면서 삶의 의미를 탐색한 것이다. 제1시집 『祈願』, 제2시집 『殘雪』, 제3시집 『봄편지』에서는 周遊 自然이 기질적 반영으로 자연발생적으로 드러났다고 보면, 그가 큰 시련기를 거치고 난 이후인 제4시집 『南海島』, 제5시집 『밤바람에게』의 4부, 제6시집 『四節의 노래』, 제7시집 『續 · 四節의 노래』, 제8시집 『山河』에서는 보다 의식적으로 周遊 自然의 편력을 보이는 것이다. 바다에서 산과 들로, 그리고 통합적 세계를 표상하는 山河에 이르기까지 공간적 상승구조를 취하면서 가열성을 더하고 있는 것이다.

덧없는 世事, 인환의 거리를 벗어나서 순수자연 세계를 또 하나의 세계, 곧 이상세계로 표상하면서 그곳에서 영원성을 탐색하고 갈구하였던 것이다. 세사에서는 도무지 채워지지 않는 넋의 갈증을 순수자연에서 해소하기 위해서 일평생 자연을 주유하며 영원성의 이미저리를 표착하려 한 것이다. 그 영원성의 이미저리를 대표하는 것이 '바다'와 '하늘'이다. 그러나 바다와 하늘이 표상하는 영원성의 이미저리는 하나의 실체가 아니라 관념 속에서만 표착될 수 있는 것이었기에 전기수에게는 여전히 그것은 그림자와 같이 체현될 수 없는 것이었다. 그래서 마지막 시집에 수록된 「歸巢」라는 시에서 "다시 돌아가야 할 내 보금자리 내 魂靈의 보금자린 상기도 마련하지 못하였느니"라고 처절하게 탄식한 것이다.

전기수는 영원의 문제를 해결하기 위해서 어느 종교에 귀의한 것도 아닌 것 같다. 물론, 그의 시에는 老莊 같은 동양적 사상과 종교 분위기를 드러내고 있기는 하지만, 그것에서도 떠도는 넋의 안식을 누리지는 못하였다. 전기수의 시는 초기부터 인환의 거리를 떠나 방황하는 영혼으로써 자연을 주유하였지만 끝까지 안식을 누리지 못하고 떠도는 넋의 안타까운 모습을 보였던 것이다. 그래서 전기수는 떠도는 넋의 시인이라고 볼 수 있겠다. 그렇다면 한평생을 정착하지 못하고 자연을 주유하며 영원을 탐한, 떠도는 넋의 언어로 빚은 전기수의 시적 초상은 낙원에서 쫓겨난 인간의 무의식적 원형에 가장 근접해 있는 것이고, 이는 詩史的으로도 매우 의미 있는 족적이 아닌가 한다.(2004년)

황선하의 임사체험

황선하 시인은 1955년 『현대문학』에 「벽」이 박두진에 의해 초회천된 이래 7년 후인 1962년에야 추천 완료했을 만큼 오랜 시간이 걸렸는데, 이 특별한 등단과정에는 일화가 있다. 박두진 선생은, 하도 완료작품을 보내지 않으니까 누군가의 작품을 추천하면서 "진해 황선하 씨 작품을 보내세요"라고 썼고, 그것을 황선하 시인이 읽고는 밤새 울고는 천료 작품을 써보내고서 현대문학 천료를 받은 것이다. 또 하나 특기할만한 것은 생전에 단 한 권의 시집 『이슬처럼』을 1988년 창작과비평사에서 출간하게 된 일화다. 염무웅 평론가가 마산문학을 읽다가 황선하 시인의 시를 발견하고는 창비에서 시집을 출간하겠다고 편지를 보내었는데, 그 제안을 받고서는 1년이나 심사숙고를 거친 후 등단 33년 만에 첫 시집을 묶은 것이다.

이 같은 일화만으로도 황선하 시인이 얼마나 우리시대에 찾아보기 힘든, 정결한 시인인지를 알 수 있다.

나는 이미, 황선하 시인은 처음부터 '벽'이라는 현실적 한계와 유한성을 일찍 체득하고서 중심이나 중앙이나 높은 곳을 지향하지 않고 맑고 순수함이 강처럼 영원히 흐르기를 바랬고, 말년에 깊은 사유의 세계로 침잠하면서 영원하고 아름다운 세계로 도약하고자 하는 그의 시적 경향을 지적한 바 있다.

첫 시집을 출간한 이래 16년 만인 지난해 말 황선하 시인의 뜻깊은 유고시집『용지못에서』가 나왔다. 이 유고시집은 주로 말년의 암투병 중인데도 불구하고 왕성한 창작활동을 했던 바로 그 결실로서 필자가 이미 지적한 '영원하고 아름다운 세계로 도약'하는 그 구체적 마음의 행로를 보여준다. 다시 말해 이 시집은 세속에 물들지 않은 정결한 시인이 진솔하게 고백하는 臨死體驗詩篇이다.

길을 찾아야 한다.

웃음기 머금고 가는, 즐거운 저승길을 찾아야만 한다.

집을 나서면서 하늘을 우러러보니, 어머니는 수심에 잠겨 말이 없다.

찻길을 건너,

겨울 아침 스산한 숲속을 가로지른다.

소나무와 어우러진 갈나무 마른 잎 서걱이는 소리에 뼛속이 시리다.

몇 단의 차가운 돌층층대를 내려,

얼어붙은 못가에 이르니,

예쁜 물고기 한 마리 철책에 등 돌리고 기대서서, 가냘픈 어깻죽지 달막이며 훌쩍거리고 있었다.

발소리에 몸 돌려, 촉촉한 눈으로 내 얼굴을 말끄러미 쳐다보며, 언제쯤 얼음이 녹겠느냐고 다그쳐 묻는다. 버들가지에 새 눈이 트일 즈음이라고 대답하니, 겨울이 길고 길다며, 눈초리에 맺힌 이슬을, 바랜 버들잎으로 살짝 찍어낸다.

내가 찾는 길이 어쩌면 물 밑에 있을는지 모른다. 그렇다면 물고긴 그 길을 알고 있으리라. 한 걸음 썩 다가서자, 놀란 물고긴 홀연히 사라지고, 그 자리에, 아직도 길을 찾지 못한 백발 성성한 내가 는개 같은 슬픔에 젖어 멍멍히 먼 산을 바라보고 있었다.

—「용지못에서–즐거운 저승길」 전문

화자가 찾는 길은 '즐거운 저승길' 이다. 수심에 잠겨 말이 없는 어머니를 뒤로하고, 화자는 찻길을 건너, 겨울 아침 스산한 숲속을 가로 지른다. 소나무와 어우러진 갈나무 마른 잎 서걱이는 소리에 뼛속이 시리다고 느낀다. 화자가 찾아나서는 길은 겨울 아침 숲속을 거친다. 여기서 이 숲길은 일종의 원형상징으로 보아도 좋다.

단테의 「신곡」도, 단테가 그리스도가 십자가에 못 박힌 성 금요일 새벽을 배경으로 시작되는데, 어두컴컴한 산림속을 방황하고 있던 단테가 로마의 시성 베르길리우스를 만나 그의 안내에 따라 피안의 세계로 가듯이, 화자에게는 스산한 숲속길은 '영원하고 아름다운 세계' 이전의 혼돈된 자아의 어지러운 행로를 암시한다.

화자는 몇 단의 차가운 돌층층대를 내려 얼어붙은 못가에서 철

책에 등 돌리고 가냘픈 어깻죽지 달막이며 홀짝거리는 예쁜 물고기를 만난다. 예쁜 물고기 한 마리는 철책에 등 돌리고 기대서서, 가냘픈 어깻죽지 달막이며 홀짝거리고 있었다. 그 물고기가 발소리에 몸 돌려, 촉촉한 눈으로 화자의 얼굴을 말끄러미 쳐다보며, 언제쯤 얼음이 녹겠느냐고 다그쳐 묻길래, 버들가지에 새 눈이 트일 즈음이라고 대답하니, 겨울이 길고 길다며, 눈초리에 맺힌 이슬을, 바랜 버들잎으로 살짝 찍어내는 모습을 보인다. 여기서 물고기와의 대화는 자아와의 대화인지도 모른다. 그렇다면 물고기는 화자의 또 다른 자아의 표상이 아니겠는가. 물고기를 보면서, 자신이 찾는 길이 물 밑에 있는지 모른다고 생각하고 물고기에게 다가가니까, 물고기는 달아나버린다. 결국 화자는 그 자리에서 길을 찾지 못하고 백발 성성한 채 는개 같은 슬픔에 젖어 멍멍히 먼 산을 바라보고 있는 것이다.

암이라는 불치의 병에 걸렸고, 또한 교직에서 정년퇴임을 한 상황에서 인생의 마지막 길을 걸어가고 있는 모습은 유고시집 전반에 걸쳐 있다.

> 섣달 그믐.
> 내 몸 안의
> 용지못은 꽁꽁 얼붙어 있었다.
> 철없는 아이들이 장난 삼아 던진
> 돌멩이들이,
> 상처의 흉한 딱지마냥

얼음판 여저기에

코를 박고 널브러져 있었다.

내 꿈은

얼붙은 못물에 갇혀

식어가고 있었다.

난 울꺽 치미는 울음을 삼키며

못 둘레를 돌았다.

세 바퀴나 돌았어도

못물은 풀리질 않았다.

아, 내 꿈을 흐르게 해야 한다.

바다로 흐르게 해야 한다.

바다로 가

하나의 거룩한 섬이 되게 해야 한다.

—「용지못에서-암투병기 · 1」 전문

유고시집의 주조는 피안의 세계를 향한 길 찾기, 곧 그의 '즐거운 저승길' 찾기는 용지못을 산책하면서 사유하는 것으로 드러난다. 암 투병을 하면서 죽음을 관념이 아닌, 구체적 실체로 인식하면서 어떻게 생을 잘 마감하고 즐거운 저승길이 될 것인가를 골몰하는 것이다.

섣달 그믐의 꽁꽁 얼붙어 있는 용지못은 화자의 마음을 투영하고 있다. 철없는 아이들이 장난 삼아 던진 돌멩이들이 상처의 흉한 딱지마냥 얼음판 여기저기에 코를 박고 널브러져 있는 모습이 바로 화자의 실존이다. 암에 걸려서 죽음을 구체적으로 생각하면서 어지러워진 마음의 상태를 드러낸 것이다. 아직도 이생에서 이루어야 할 꿈이 많은데 얼붙은 못물에 갇혀서 식어가고 있는, 자신의 처지에 절망하지 않을 수 없는 것이다. 화자는 울꺽 치미는 울음을 삼키며 못 둘레를 돌았다. 세 바퀴를 돌아도 못물이 풀리지 않을 만큼 그의 마음도 싸늘한 얼음장이다. 화자의 꿈은 얼어붙어버렸다. 그 꿈을 바다로 흐르게 해야 하는데, 그래서 하나의 거룩한 섬이 되게 해야 하는데, 그렇지 못한 화자의 처지가 거듭 말하거니와 화자의 현존이다.

혼자된 고니는, 가지 말고 나랑 놀자고 애원하듯 -E-E 울어댔습니다.
고니의 슬픔 울음이 석양에 붉게 물들어갔습니다.
—「용지못에서-짝 잃은 고니 · 1」 부분

하늘이 너무나 푸르러
문득 복받치는 설움을 억누르지 못해
길섶에
눈물 한 방울 남몰래 떨어뜨렸습니다.
—「용지못에서-내 슬픈 몸짓으로 날고 있는 호랑나비」 부분

하루하루 물 높이가 낮아지는
못물에

하르르 떨어져내리는

버들잎 셋.

떠나는 여름의 작별 인사말.

한 잎은

너를 많이 사랑한다는 말.

한 잎은

너와 헤어지게 되어 가슴 아프다는 말

한 잎은

내년 여름에 다시 보자는 말.

—「용지못에서-떠나는 여름의 작별 인사말」 전문

위의 시편들은 용지못에서 사유하는 구체적 양상을 보인다. 퇴원해서 오랜만에 용지못에 나와서 보니, 철책 가까이에서 고니와 청둥오리들이 한가롭게 헤엄치고 있는 모습이 보였다. 고니의 뒤를 아빠청둥오리가 뒤따르고, 그 뒤를 엄마청둥오리 새끼청둥오리들 차례로 나란히 한 줄로 뒤따르고 있는데, 청둥오리 가족은 그새 새끼가 세 마리나 늘었지만 고니 한 마리가 보이지 않는 것이다. 고니를 뒤따르던 아빠청둥오리가 갑자기 방향을 바꾸니까, 엄마청둥오리와 새끼청둥오리들도 머무적거리지 않고 아빠청둥오리 뒤를 좇았다. 혼자된 고니는 가지 말고 자신과 놀자고 애원하듯 -E-E 울어대었다. 고니의 슬픈 울음이 석양에 붉게 물들어갔다. 이것이 「용지못에서-짝 잃은 고니 · 1」의 구체적 정황이다. 짝 잃은 고니는 화자가 떠나고 난 뒤의 배우자의 모습으로 읽어도 좋다. 그렇다면 이 시는 일종의 알레고리다. 화자가 저승길로 떠나고 나면 배우자는 '짝 읽은 고니' 신세가 된다. 화자는 자신이 떠나고 난 뒤의 가족의 슬픈 모습도 생각하는 것이다.

이른 아침 잠에서 덜 깬 용지못 둘레를, 깊은 물 속 같은 생각에 잠겨 빠른 걸음으로 돌다가, 머리 위 하늘이 너무나 푸르러 문득 복받치는 설움을 억누르지 못해 길섶에 눈물 한 방울 남몰래 떨어뜨렸다는 것이다. 화자는 암 투병 중이어서 한치 앞을 내다볼 수 없는 암울한 처지인데, 하늘은 너무나 푸르러 복받치는 설움을 쏟게 된 것이다. 평소에 정결하고 의연한 모습을 보이던 시인이 한순간, 정서적 균형이 깨어지면서 설움에 휩싸이고만 형국이다. 그때 바라본 호랑나비는 화자의 슬픈 몸짓에 다름 아니다. 혈산초 그득히 핀 간밤 꿈속에서 날아온 부채장수잠자리가 풀잎에 맺힌 눈물을 이슬인 줄 알고 빨아먹곤 날개 무늬 고운 호랑나비로 몸 바뀌어 용지동과 용호동 아이들의 천진난만한 웃음꽃이 눈부시게 빤짝거리는 물낯 위를 자신의 슬픈 몸짓으로 훌훌 날고 있다고 인식하는 것이다. 암투병 중이며 정년퇴임을 한, 생의 무대에서 은퇴를 앞둔 화자와 천진난만한 웃음꽃 피는 용지동과 용호동 아이들은 극명한 대조를 이루면서, 생의 실존을 보여주는 것이 「용지못에서-내 슬픈 몸짓으로 날고 있는 호랑나비」다.

용지못 주변의 버드나무에서 버들잎 셋이 하루하루 물 높이가 낮아지는 못물로 하르르 떨어져내리는 모습을 주목하며 한 잎은 너를 많이 사랑한다는 말, 한 잎은 너와 헤어지게 되어 가슴 아프다는 말, 한 잎은 내년 여름에 다시 보자는 말, 즉 여름의 작별 인사말이라고 생각한다. 화자는 실상, 나뭇잎에 자신의 유언을 투영한 것이 아닌가. 그렇다면 「용지못에서-떠나는 여름의 작별 인사말」은 화자의 유언시라고 해도 좋을 법하다.

이처럼 화자는 생의 마지막 길에서 용지못을 산책하며 저승길 찾기에 골몰하면서 남겨지는 가족과 자신의 비극적인 처지를 생각하며 설움에 북받치기도 하고 또한 유언의 말을 떠올리기도 한다.

> 어느 날 병 때문에 시름에 잠겨 길을 가고 있는데, 길가 등나무 아래 놓인 벤치에, 지팡이로 턱을 괴고 맥없이 앉아 있던 중늙은이가, 두 다리로 걷는 날, 몹시 부러워하는 눈으로 물끄러미 쳐다보고 있었습니다. 난 그 중늙은이의 시선이 따가워 얼른 고갤 돌렸습니다. 두 다리로 걸어다닐 수 있는 것만도 은혜롭다는 걸 깨닫곤, 처진 어깰 추슬렀습니다.
>
> —「어느 날 · 1-삶」 전문

> 곱게 물든 단풍잎을 보고 있노라니,
> 잘못 살아온 부끄러움에
> 절로 낯이 붉어집니다.
> 돌을 갈아 구슬로 다듬듯
> 수많은 밤을 뒤척이다 보면,
> 한 잎 빛깔 고운 단풍잎이 될 수
> 있을까요.
>
> —「빛깔 고운 단풍잎」 전문

죽음을 목전에 두고 슬퍼하기도 한탄하기도 고통스러워하기도 했지만 그런 가운데도 생에 대한 감사와 은혜를 잊지 않고 결 고운 삶을 영위하고자 했던 화자의 모습은 매우 인상적이다. 암투병 중 시름에 잠겨 길을 가고 있을 때 길가 등나무 아래 놓인 벤치에 지팡이로 턱을 괴고 맥없이 앉아 있던 한 중늙은이가 부러운 눈으로 물끄러미 쳐다보니, 두 다리로 걸어다닐 수 있는 것만도 은혜롭다는 걸 깨닫는 「어느 날 · 1-삶」이나 곱게 물든 단풍잎을 보며 잘못 살아온 부끄러움에 낯을 붉히며 한 잎 빛깔 고운 단풍을 꿈꾸어보는 「빛깔 고운 단풍잎」 같은 시편은 시사하는 바가 크지 않은가.

황선하 시인은 죽음이 임박할수록 내세에 대해서 더욱 깊은 생각을 한 것 같다. 저번의 글에서도 지적한 바 있듯이, 1999년 어느 일요일 아침 창원의 모교회에 예배를 드리러 갔다가, 그곳에서 우연히 시인을 만났다. 그때는 참 의외로 생각했었다. 황선하 시인이 2001년 2월 27일에 작고했으니 그 시점에서 보면 2년 전 일이다. 그가 암투병과 함께 용지못을 산책하면서 사유하는 동안 아마, 인간의 실존적 한계를 여실히 깨닫고 신의 존재를 깊이 인식한 것으로 보인다. 이런 관점에서 보면, 앞의 「용지못에서-떠나는 여름의 작별 인사말」에서 한 잎을 "내년 여름에 다시 보자는 말"이라고 한 대목은 다시 주목을 요한다. 이는 나뭇잎이 떨어지면 그것이 썩어 거름이 되고 그 거름은 나무뿌리를 통하여 흡수되어 내년에 또 다시 새 잎이 돋아나듯이, 사람의 목숨도 이승을 떠나고 나면 또 다른 공간에서 영원히 이어질 것이라는 영원의식이 드러나기 때문이다.

> 흐르는 것은,
> 물이 아니라
> 물에 떠 있는
> 나뭇잎.
> 숨 쉬는 것들은
> 물에 떠 있는
> 나뭇잎 같은 존재.
> 난 흘러 흘러 어디쯤 왔을까.
> 영이 깃든
> 목숨은 영원히 흐를 것이다.
> 나도 끝없이 흐를 것이다.
> 흐르며
> 수없이 바뀔 것이다.
> 수없이 바뀐 다음에야
> 아주 작은
> 신神이 될 것이다.

—「목숨 · 1」 전문

황선하에게 '나뭇잎'은 생명의 등가물이다. 이 시에서도 물 위에 떠 있는 나뭇잎은 숨쉬는 것들의 존재, 즉 생명체의 표상이다. 물에 흘러 떠내려가는 나뭇잎처럼 영이 깃든 목숨도 영원히 흐를 것이라고 인식한다. 따라서 목숨은 이승을 넘어서 내세에서도 영원히 이어지는 것임을 굳게 확신하고 있는 것이다. 인간이라는 생명체는 영육에 걸쳐서 얼마나 많이 바뀌어지는 것인가. 아이가 어른이 되고 또 어른은 아이가 된다. 정신의 영역도 또 얼마나 많은 변신을 하는가. 그러다 아주 작은 신(神)이 된다는 것은 생의 완성, 곧 영원하고 아름다운 세계로 도약을 의미하는 것이 아닌가. 신은 더 이상 바뀔 수도 없고 죽음의 과정을 거치지 않아도 되는 존재의 완성을 표상하는 것이다.

이번 유고시집은, 인간이면 누구나 직면할 수밖에 없는 죽음 앞에 선 단독자로서 온갖 공포와 좌절을 극복하고 궁극에는 이슬처럼 맑고 결 고운 영혼의 선한 의지대로 존재의 완성으로의 귀결점에 이르게 될 해피엔딩 구조로서, 우리 시단에서 흔치 않은 臨死體驗詩篇으로 자리매김될 것으로 보인다.(2005년)

스승의 메시지 김교한

1. 우리 시대의 큰 바위 얼굴

김교한 시인이 제1회 마산문학상을 수상하게 되었다. 수상시집은 『잠들지 않는 강』(도서출판 경남, 2011)이다. 김교한 시인은 1966년 『시조문학』 3회 추천으로 시조단에 나온 이래 시조시인으로서 '고향의 봄' 노래비건립위원회 부위원장, 『경남문학』 간행위원장, 한국시조시인협회 부회장, 한국시조문학상 운영위원장 등을 지내며 성파시조문학상, 노산문학상, 경남도문화상, 경남문학상, 경남시조문학상, 유심작품상 특별상 등을 수상하였으며, 마산여고 교사, 마산고등학교 교감, 화개중학교 교장, 김해교육청 교육장을 역임했다.

아, 선생이 부족한 시대
한참은 목마른 시대

벽에 걸린 액자같이, 한 표정으로
세상에 계시는
계시는 것만으로 우리를 문득 흔들리게 하시는

―강희근, 「김교한 선생」 부분

수상 시집 말미에는 「김교한 선생」이라는 강희근 시인의 시가 해설의 자리를 차지하고 있다. 여기서 강희근은 김교한 시인은 "바른생활 교과서 같다"고 노래하고, "우리들의 교양이다"라고 상찬한다. 우리 시대의 바른 선생인 김교한 시인을 이보다 더 적절하게 표현할 수 있을까, 싶을 만큼 무릎을 탁 치게 만든다.

우리 시대는 지식과 정보는 범람하되, 그것대로 言行一致하거나 知行合一하는 이들을 찾기 힘들기 때문에 '선생이 부족하고 목마른 시대'가 아닌가. 그래서 강희근 시인은 김교한 선생을 두고 세상에 계시는 것만으로 우리를 문득 흔들리게 한다고 노래하는 듯하다.

저 산은 우뚝 서서 온갖 희비 다 삭이고

비구름 바람 속에도 자정自淨의 노를 저어

그 터전 무너지지 않는 명상의 성을 쌓는다.

한 시대 믿음 잃고 표류하는 거리에서

망연茫然히 우러러보는 핏발 선 눈물 거두며

그 일념 비상의 꿈은 흔들리지 않는다.

—김교한, 「저 산은 우뚝 서서」 전문

정말, 우리는 스승이 없는 시대를 살고 있다. 저 우뚝 선 산과 같이 흔들림 없는 정신적 지주가 없는 시대가 우리 시대다. 비구름 바람 속에서도 자정의 노를 저으며 그 터전 무너지지 않는 명상의 성을 쌓는 스승이 그리운 시대에 김교한 시인이 우리 곁에 있다. 김교한이 노래하는 저 우뚝 선 '산'이 우리에게는 김교한 선생 자신의 모습으로 투영되는 것은 무슨 까닭일까.

김교한이 그리는 산은 한 시대 믿음 잃고 표류하는 거리에서 망연히 우러러보는 핏발선 눈물 거두며 그 일념 비상의 꿈이 흔들리지 않는 것이다.

김교한은 한평생 이런 산과 같은 시대의 스승을, 나다니엘 호손의 「큰 바위 얼굴」의 어니스트처럼 그리며 살았는지 모른다. 그는 그러한 좌표로 시를 쓰고 학생들을 가르치며 그러한 스승을 기다려 왔을 것이다.

이에 위대한 스승은 멀리 있는 것이 아니라 우리 주변에 있다는 것을 김교한 시인이 아닌 우리가 발견한 것이 아닐까. 우리 주변 한평생 성실하게 살아온 김교한 선생, 그가 바로 위대한 스승이고 큰 바위 얼굴일지도 모른다.

2. 스승이 없는 시대, 시적 주체의 품격

김교한 시인 자신은 천부당만부당하다고 하겠지만, 그의 시는 스승이 없는 시대의 말씀으로 읽혀진다.

시는 어설픈 교훈이나 당부의 말이 아니다. 그냥 말한다고 다 바른 생활 교과서 같은 말이 되는 것은 아니다. 더구나 시의 교훈적 메시지는 형상성의 획득도 중요하지만, 그 말의 주체인 화자의 캐릭터가 무엇보다 중요하다. 김교한의 시적 화자는 우리 시대의 어른다운 풍모를 지니고, 국가와 민족을 생각하는 거대담론에서 작은 미시담론의 극서정에 이르기까지 참 진폭이 넓다.

이런 시적 주체의 캐릭터는 김교한 선생이 50년 가까운 세월 동안 시단에서 보여준 좌장, 스승으로서의 한 번도 흔들림 없는 한결 같음의 소산이다. 김연동 시인이 이번 시조집 해설에서 김교한 선생에 대해 "경남의 시조문학을 논의할 때면 김교한 시인을 빼놓을 수가 없다. 늘 중심에서 좌장의 자리를 흔들림 없이 지켜온 시인이다. 시인으로서 뿐만 아니라 매사에 침착하면서도 논리적이고 강직한 성품을 지닌 교육자, 교육행정가로서도 사표가 되어 왔다." 라고 지적한 것도 같은 맥락이다.

산에는 피는 잎과 지는 잎이 공존하며

나무들은 대를 이어 제 이름을 짓고 있다

거리엔 연무煉霧가 혼탁해도 갈 길은 아직 있다.

—김교한, 「갈 길은 아직 있다」 전문

숯검정으로 변신한 숭례문 앞에 섰다
육백 년을 동거해 온 그 세월의 울음소리
처연히 불꽃 휘감고 고별하는 국보 일호.

—김교한, 「돌아오라 숭례문」 부분

위의 시 두 편의 울림이 남다르게 느껴지는 것은 역시 시적 주체의 캐릭터와 관련이 있다. 「갈 길은 아직 있다」는 혼돈의 시대에도 아직 희망이 있음을 드러낸다. 이런 유의 메시지를 시적 주체의 캐릭터가 그만한 뒷받침을 하지 못한다면 이 시는 그냥 어설픈 교훈시로 끝났을 법하다. 「돌아오라 숭례문」도 숭례문의 비극 앞에서 처연해하는 시적 주체의 포즈가 역시 억지스럽지 않다.

3. 날카롭게 사물의 이면을 꿰뚫는 직관력

김교한 선생은 스승으로서 후학들의 존경을 받는 캐릭터를 보여주면서, 그것이 그의 시적 주체에 투영되어 특별한 시적 개성을 드러내고 있지만, 그가 갖고 있는 시인으로서 다감함과 자상함 속에서도 날카롭게 사물의 이면을 꿰뚫는 직관력이 돋보인다.

가로수 은행잎은 떨어져서 더 아름답다

절절히 스며드는 청순한 울음소리

저문 날 꽃잎보다 진한 연서 발목 붙든다.

—김교한, 「은행잎」 전문

만추를 노란 은행잎으로 견디고 초겨울 거리에 떨어져 누운 은행잎은 정말, 거리를 걷는 이의 발목을 붙든다. 거리를 온통 노랗게 물들이던 은행잎이 길바닥에 떨어져서도 한동안 그 자태를 유지하고 있는 것이, 그렇다. 생명의 끈을 놓고 이제 다시 흙으로 돌아가는 시간, 그 시간대를 잠시라지만 여전히 사람들에게 아름다움을 제공하는 은행잎. 그 속에서도 한결같은 탄생과 성장과 소멸의 섭리가 있는 것을 화자는 발견하고, 아름다운 이면에 존재하는 슬픔을 본다. 그래서 저문 날 꽃잎보다 진한 그 연서가 화자의 발목을 붙드는 것이다.

이미 다 소진해버린 침묵의 중환을 앓고

성자처럼 초연하게 허공의 모퉁이에서

이 시대 유산이 될지도 모를 외면당한 풍경이 있다.

—김교한, 「어떤 풍경–노숙」 전문

길을 가다 만난 노숙의 풍경을 말하고 있지만, 이게 그렇게 단순한 게 아니다. 노숙 풍경은 이 시대의 유산이 될지도 모른다고 인식한다. 또 하나 '노숙'을 '성자처럼'이라고 비유한 대목이다. 우리 사회에서 IMF 이후 본격적으로 노숙자 문제가 대두되었는데, 자본주의 사회의 무한 경쟁체제에서 그 역기능으로 빈곤과 소외가 발생하고 그 정점에 노숙이 자리한다. 우리 시대는 그 어느 때보다 풍요롭고 편리한 세상에서 자유와 행복을 누리는 것처럼 보인다. 그러나 경쟁과 적자생존의 법칙 아래에서 약삭빠르지 못하고 힘없는 사람들은 착취당하며 을의 입장에서 사는 냉혹한 현실이기도 하다. 이런 냉혹한 구조에서 노숙의 문제는 우리 시대가 신 야만의 사회가 아닌가, 하고 의심케 한다.

김교한의 「어떤 풍경-노숙」은 단순한 노숙의 풍경묘사로 그치는 것이 아니라 우리 시대 '갑'에게 외면당하는 '을'의 문제를 제기한다. 노숙이 우리 시대의 부끄러운 '유산'이고, 외면당한 을이 오히려 갑보다는 더 '성자'에 가까울지도 모른다, 라는 메시지 이면에는 앞에 제기한 노숙의 구조적 문제를 함의하고 있는 것이다.

4. 마산문학상 제1회 수상의 의미

2008년 "현대시 100주년을 맞이하여 전국 최초로 마산을 '시의 도시'로 선포하고 문향마산의 전통을 이어갈 마산시의 도시 선포 기념식이 3일 오후 마산 산호공원에서 개최했다."라는 철 지난 기사를 읽으면서, 문향 마산을 다시 생각해보게 한다. 그런데 현재

통합 창원시가 되면서 마산시, 그 이름은 역사 속으로 사라졌다. 아무리 그렇다고 문향 마산의 실체마저 사라질까마는 마산을 사랑하는 사람들에게 그 상실감은 크다 하지 않을 수 있겠는가. 이번에 마산문인협회에서 마산문학상을 제정하고 제1회 수상자로 김교한 선생을 정한 것은 여러 면에서 상징성을 가진다. 원래 문학은 그 시대의 등불이고, 그 시대 사람들의 척도였다. 문학이 영상매체 등에 밀려 예전만큼 그 역할을 다하지는 못하고 있는 현실이지만, 여전히 문학은 우리 시대의 등불이고 척도이다. 이런 측면에서 김교한 선생의 삶과 문학은 우리 시대에서도 떳떳하고 거리낌 없이 내놓을 수 있는 가치이다.

앞으로도 스승이 없는 시대에 그리운 말씀으로 김교한의 삶과 시조가 자리하기를 바란다.(2013년)

김춘랑의 곳수염

김춘랑 선생이 지난 해 12월 16일 타계했다. 1934년 생이니, 우리 나이로는 80세, 좀 더 사셨으면 좋았으련만, 김열규 선생이 타계한지, 얼마 되지 않아 김춘랑 선생도 함께 떠났으니, 고성이 텅 빈 것 같다.

그동안 김춘랑 선생에 대한 글을 여러 차례 쓴 바 있다. 그런 글에서 김춘랑의 시세계나 그의 시의 시사적 의미 등을 이미 말했기 때문에, 곁에서 지켜본 인간 김춘랑 선생과 인연을 중심으로 그의 면면을 격식 없이 추억해 보기로 한다.

내가 1989년 『시문학』으로 등단할 무렵 김춘랑 선생은 문단 활동을 다시 재개했다.

김춘랑은 1958년 '영번지' 동인으로 문학 활동을 시작하여 1968년 『시조문학』 추천 완료하여 왕성한 창작을 보이면서 문명이 드러나기 시작했다. 그는 창작에만 머문 것이 아니라 고성문화에 큰 관심을 일찍부터 가지고 고성문화 운동에도 심혈을 기울였다. 그는 문단 추천은 당시로는 비교적 늦은 나이에 받았지만, 실상은 추천만 받지 않았을 뿐이지, 이미 1959년 한국예총 고성지부장으로 피선되었고, 동년에는 광복예술제를 창설하기도 했다. 이것이 오늘의 고성의 소가야문화제이다. 등단 이전에 1965년부터는 율동인 활동도 했다.

왕성한 문필 활동을 하던 김춘랑은 1976년부터 갑자기 절필을 한다. 절필 이유는 이미 그가 밝힌 대로다. 그는 고성 현역 유일무이한 시인으로 70년에 고성군립 도서관장에 임명돼 4년 남짓 근무하며, 명목상으로는 행세 꽤나 하는 고성 문화계의 독보적인 존재였다. 그러던 그가 1974년 당시 마산의 정진업 시인이 『현대문학』에 발표한 작품을 보고 충격을 받았다고 한다. 시인의 가난을 소재한 한 것으로 그의 딸이 중학생이었는데 영양실조로 죽은 사연을 다룬 것이다. 시인이기에 앞서 생활인으로서 책임을 다하지 못하는 무능한 시인이라면 그것이 무슨 의미인가, 를 깊이 생각하게 된다. 김춘랑은 스스로 자책하며 자신 또한 남들 보기에는 근사한 문인이지만 가장 노릇도 제대로 못하는 시인이라면 차라리 시인을 그만 두겠다는 각오를 새겼다.

요즘도 나는 시를 쓴다
몸으로 시를 쓴다
식료품 배달 자전거에 만근 업고를 싣고
바쁘게 페달을 밟으며 보람의 시를 쓴다.

어떤 이는 나를 보고 장사꾼이라고 하고
어떤 이는 시를 버린 수전노라 한다
하늘을 우러러 한점 부끄럼 없는 나날인데 지금 나는

그리하여 날이 날마다 몸으로 쓰는 나의 시는
때로는 동전되고 때로는 지폐되어
죄 없는 내 가솔들의 웃음이 된다 울음이 된다.

—김춘랑, 「몸으로 쓰는 시」 전문

『시문학』 1976년 6월호에 이 시를 발표하고는 절필을 하였던 것이다. 시인이기에 앞서 한 사람의 생활인이 되는 것이 더 중요하다는 것을 깨닫고 그는 몸으로 쓰는 시를 썼다. 허울뿐인 도서관장직을 반납하고 시장통에서 '니야까'로 과일행상을 하는 파격적인 행보를 김춘랑은 감행했던 것이다. 고성예총 및 고성문협 회장까지 하면서 고성에서 알아주는 시인이 시장 난전에서 손수레를 끄는 장사꾼이 된 것은 과연 김춘랑다운 패기와 결단과 용기를 잘 드러내는 것이라 하겠다.

김춘랑은 시인이라는 이상과 삶이라는 생활인이라는 현실 사이에서 과감하게 현실을 택하면서, 1989년 등단 23년 만에 첫 시집 『우리네 예사 사랑』을 내면서 전격 문단 활동을 재개하기까지 10여 년간 절필하고 생활인으로만 살았다.

내가 등단하고 고성에서 시작활동을 막 시작할 무렵 김춘랑 선생은 자식들도 컸고, 생활 기반도 기틀을 잡았기 때문에 다시 시인으로 돌아올 여건이 되었던 것이다.

김춘랑 선생은 문단 재개와 나의 문단 진입이 1989년으로 딱 맞는 것도 인연이라면 인연이 아닌가 한다. 당시만 해도 나는 고성을 중심으로 시작활동을 해왔던 터라 경남문협 행사가 있을 때 김춘랑 선생을 모시고 마산을 자주 출입하면서 문단의 여러 선배 문인들에게 인사도 하고, 같은 연배의 문인들과도 교류를 할 수 있었다. 지금 생각해 보면, 김춘랑 선생은 내 문단 진출의 교두보 역할을 해준 것 같다.

나는 1989년 등단하고 곧바로 이듬해 박사과정에 들어갔기 때문에 비평에 대한 관심도 많았다. 내가 처음 평론을 발표한 것이 『시문학』 1992년 9월호에 「金春朗의 연작시조 '임진강 쑥국새' 의 공간구조」이다. 당시만 해도 비평을 한다는 것이 조심스럽기만 했는데, 김춘랑 선생은 자신의 「임진강 쑥꾹새」를 텍스트로 평론을 한번 써보라고 권했다. 그것이 인연이 되어서 처음으로 시문학지에 처녀평론을 게재하고, 지금까지 자연스럽게 비평작업도 하는 바, 그 단초로 김춘랑 선생의 역할이 절대적이었다는 점을 여기서 밝혀두고 싶다.

내가 처음 문단 활동을 하는데, 김춘랑 선생이 결정적 역할을 해준 것처럼 김춘랑은 고향 고성에서 평생 문인으로 살아오면서 고성의 문화예술계를 일구면서 많은 후배 문인뿐만 아니라 문화예술 전반에 큰 영향을 미쳤다.

당항포 맑고 잔잔한 물목

밧빳한 野性의 콧수염이 자랐다
잦은 막벌이 밤은 선비
한복 흰 두루마기 무엇이 두려우랴
고무신 끌고 서울 와서는
해방문단의 풍운아 조연현에게
대거리하며 형님 그래서 되나
그래서 되나 큰소리 탕탕 쳤다
왕관도 없는 옛 가야땅 성주
임금 P에게는 비수를 던지고
임금 J에게는 화살을 날렸으니
시인의 기개는 성벽보다 높다
트럭 몰고 팔도 구석구석 누비던
억센 그 손이 바둑을 쥐면
국수는 아니지만 1급의 신선이다
일찍이 충무공 왜선을 끌여들여
몽땅 쳐부순 남해 당항포
그 거센 물목보다 더 푸르고
인제는 그의 머리도 희끗희끗하다

—문덕수, 「金春朗」 전문

인용시는 내가 쓴 첫 평론 「金春朗의 연작시조 '임진강 쑥국새'의 공간구조」에서 김춘랑의 기개를 나타내는 일화로 소개한 바 있다. 이 점이 생전의 김춘랑 선생은 마음에 들었든지, 나의 첫 평론을 그의 시조집 『작은 행복론』(시문학사, 1997)과 생전 마지막 시조집 『새꽃바침 노래』(도서출판 경남, 2011) 등에 평설로 달아 놓았다.

인용시와 관련된 일화를 여기에 다시 소개하고 싶다. 젊은 시절 김춘랑은 어느 날 조연현 선생을 위시한 기라성 같은 대시인들과 다방에서 차를 마셨는데, 당시만 해도 다들 어려운 처지라 찻값을 누가 낼지 서로들 눈치를 보고 있을 때, 청년 김춘랑은 선뜻 찻값을 단숨에 모두 지불했다. 시골에서 상경한 청년 김춘랑의 이런 모습에 매료된 조연현 선생은 그 후 김춘랑의 시를 현대문학지에 언제든지 발표할 수 있도록 했다.

당시 『현대문학』의 위상은 대단했고, 그 『현대문학』의 편집권을 가지고 있던 조연현은 문단의 대통령이었다. 그런 조연현에게 김춘랑은 문덕수의 시에서처럼 사리에 어긋난다고 생각되었을 때에는 대거리도 마다하지 않는 김춘랑의 기개는 보통이 아니었다.

김춘랑은 문덕수 선생이 시에서 지적한 것처럼 참 다재다능한 시인이다. 그는 제도권의 특별한 학력이 있는 것도 아니고, 순전히 독학으로 능력을 인정받아 비록 강사이기는 해도 고성고등학교 교사로 몇 년 지내기도 했다. 도서관장, 고성문협회장, 고성예총회장, 소가야예술제 대회장 등 숱한 직함, 그것도 예술단체는 직접 자신이 창립을 한 것이고 보면, 김춘랑의 에너지와 역량은 특별하다 하지 않을 수 없다.

한 생을 사모하는 마음 하나만으로도

이 · 저승 다 밝혀 환할 사랑하는 마음 하나만으로도
사랑은 더러는 마음으로 한다데만-,

꾸꾸기 울음이 타는 유월 상순 한나절은, 길 떠난
선부님도 목이 타는가.
우물가에 새낭자 눈웃음 건넨 물 한모금으로도
상사병 몸져서 누운 기찬 사랑도 있다데만-

진종일 비 내리는 음칠월은 녹녹하여
불 지핀 아래 윗목에 살 간지런 우리 사랑
사랑은 그저 그런 것이라, 그런 것이고 말고,

예라로 살 부비어 몸살 나는 우리 사랑
뉘라서 속되다 하고 불을 밝게 할 것인가
사랑은 그저 그런 것이지, 그런 것이고 말고.

—김춘랑, 「우리네 예사 사랑」 전문

김춘랑은 시인이라는 예술가의 길과 한 가정의 가장이라는 현실의 생활인이라는 틈새에 끼어서 고통받는 삶을 살았다. "어떤 이는 나를 보고 장사꾼이라고 하고/어떤 이는 시를 버린 수전노라 한다/하늘을 우러러 한점 부끄럼 없는 나날인데 지금 나는"라고 「몸으로 쓰는 시」에서 말했듯이, 시인이면서도 한 가정의 가장으로서 책임을 다하기 위해서 때로는 '장사꾼', '수전노'란 소리를 듣기도 했다. 하지만 김춘랑만큼 시인으로 당당하게 한 세상 산 이도 그렇게 흔치는 않을 것이다.

시를 쓰는 것도 사랑하는 것과 같다. 「우리네 예사 사랑」은 참 아름답고 그만큼 절실함을 드러내는 시이다. 한 생을 사모하는 마음 하나만으로, 이 · 저승 다 밝혀 환할 사랑을 할 수 있다. 사랑하는 마음 하나만으로도 시공을 초월할 수도 있다. 지고지순한 사랑이 그렇다. 꾸꾸기 울음이 타는 유월 상순 한나절, 길 떠난 선부님 목이 타 우물가에 서 새낭자 눈웃음 건넨 물 한 모금에 상사병에 몸져눕는 그런 기찬 사랑도 있기는 하다. 그러나 그런 사랑만 참 사랑이라 할 수는 없다. 진종일 비 내리는 눅눅한 음칠월 불 지핀 아래 윗목에 살 간지런 우리네 예사 사랑, 사랑은 그저 그런 것이라고 화자는 말한다. 예사로 살 부비어 몸살 나는 우리네 예사 사랑을 뉘라서 속되다 하고 불을 밝게 할 것인가, 라고 화자는 반문한다.

여기서 김춘랑의 삶을 바라보는 관점뿐 아니라 그의 시관도 함께 드러난다. 김춘랑은 삶에 대한 시선이 솔직하다. 남녀간의 사랑은 정신적인 가치가 소중하다고 전제하면서도 역시 사랑도 현실이라 불 지핀 윗목에서 살 간질이는 우리네 예사 사랑을 빼놓고 사랑을 운위할 수 없다는 인식이다. "사랑은 그저 그런 것이지, 그런 것이고 말고."라고 강하게 말한다.

지고지순한 정신적 사랑도 좋지만 그것만으로는 사랑이라 말할 수 없다는 논조다. 정신이 육체로 현실화되는 사랑이 아닐진대 그것은 우리네 예사 사랑만도 못하다는 논리이다.

시인으로서의 이상과 생활인으로서의 현실의 갈등에서는 시를 버리고 현실을 취하는 절필을 감행한 것도 같은 이치이다.

한애비 집어 쓰던 손때 쩌린 질그릇을
뉘게도 있지 않은 홀 오직 내핸 것을
손자와 그 손자들이 대를 이어 쓰느니.

情이며 恨인 것이 가슴 더운 내 노래는
다만 주어서 푸짐한 우리 人情 表象이며
인하여 더욱 사무치는 恨 피로 쓰는 眞紅글씨.

비파금 열 두 줄은 가닥마다 다른 선율
西天 달 기우는 초사흘밤 미리내를 휘휘 돌아
취옥빛 실솔의 노래로 만 가슴에 아리느니.

—김춘랑, 「吟 時調」 부분

이 시는 김춘랑의 첫 시조집 서시이다. 그의 시조 사랑은 시조가 대를 이어 오던 우리 노래라는 데에 있고, 시조는 질그릇처럼 우리네 삶을 담는 우리 곁의 정신적 그릇임에 기인한다.

시조시인 김춘랑! 그는 한평생 시조와 함께 하며 시인이라는 자부심으로 별로 가진 것도 없고 크게 내세울 것도 없지만 누구보다 당당하게 살았다.

그가 절필을 할 때도 '몸으로 쓰는 시'라 강변하며 시인의 자부심을 한시도 잊지 않았다. 지금 누가 김춘랑처럼 시인이라는 자부심으로 한 고을을 호령하며 사는 이가 있는가. 김춘랑은 한때 경남도의원에 출마하여 출마의 변을 시로 낭송하는 해프닝을 연출하기도 했다. 아무도 알아주지 않는 시인이라는 허세지만, 그의 빳빳한 콧수염은 고성을 넘어 서울에서도 한결 같았다. 오죽했으면 고성의 성주라고 했을까.(2014년)

딸깍발이 서우승

1. 청마문학상 수상

1946년 경남 통영시 미륵섬 야소골(산양읍 남평리 345번지)에서 출생한 서우승은 1973년 『서울신문』 신춘문예에 시조 「카메라 탐방」이 당선되어 시조시인으로 등단하였다. 서우승은 20대 중반에 시조단에 화려하게 등단한 것이다. 더구나 통영이 나은 한국 시조단의 큰 산맥인 김상옥 선생이 심사위원으로 참여하여 서우승을 발굴한 것은 더욱 뜻 깊은 일이라 할 것이다.

서우승은 이미 1991년 제30회 경상남도 문화상(문학 부문)과 1996년 제6회 이호우시조문학상을 수상함으로써 그의 문학적 성과를 평가받아 왔고, 통영의 수향수필문학 회장과 충무문인협회 회장을 역임함으로써 통영문단의 발전을 위하여서도 큰 기여를 해왔다.

그런 가운데 서우승은 올해, 청마문학회 · 통영시가 청마 유치환

선생의 시문학 업적을 기려 제정한 청마문학상 제4회수상자가 되었다. 청마문학상은 제1회 김춘수, 제2회 김윤성, 제3회 조영서 등 한국시단의 대표적인 시인들이 수상하는 가장 권위 있는 문학상이다. 따라서 서우승이 제4회 수상자가 된 것은 남다른 의미가 있는 듯하다. 청마문학상은 통영시에서 재원을 출연하여 제정한 상이기 때문에 제4회 수상자만큼은 통영 출신으로 통영에 거주하는 문인이 좋겠다는 여론에 따라 서우승이 영광스러운 제4회 청마문학상 수상자가 된 것이다. 따라서 서우승은 이번 청마문학상을 수상함으로써 문향 통영의 시정신을 이어갈 적통으로 자리매김 된 만큼 통영 시정신의 견인차로서 중차대한 임무를 부여받은 셈이다.

2. 노래꾼의 풍모

서우승은 한마디로 남다른 개성을 지닌 이 시대의 노래꾼이다. 그의 넓은 이마와 안광은 이 시대를 꿰뚫는 시인의 풍모를 잘 드러낸다. 서우승은 늘 풍진 세상의 가객으로서 민중의 가슴을 꿰뚫는 노래꾼으로서 잘 단련되어 있는 듯한 풍모를 지니고 있는 것이다.

노래다운 노래가 없구나,

이 풍진 세상에

올빼미와 박쥐를 위해 폐광을 그냥 두듯

살얼음

딛고 가는 이에게

징검돌 놓는 노래가.

누가 삿대질하랴
단지 호구(糊口)를 잇기 위해
엉뚱한 데로 발길 돌리는
어깨 처진 소신(所信)들
그나마 막차도 놓치고
발 동동 구르는 구나.

도처에 도화선 깔고
끼리끼리 야합인 것을
잠꼬대로 이어지는 당대(當代)의 한숨들이
발 뻗고
누울 땅 몇 평도
비워 주지 않는 세상에.

—「이 풍진 세상에」 전문

서우승의 시적 인식은 "노래다운 노래가 없구나"라는 데에서부터 출발한다. 물론, 여기서 노래는 시조작품이라고 보아도 좋다. 그가 간절하게 염원하는 것은, 이 풍진 세상에서 올빼미와 박쥐를 위해 폐광을 그냥 두듯 살얼음을 딛고 가는 이에게 징검돌 놓는 노래다. 폐광은 그야말로 쓸모 없는 폐허처럼 보인다. 그러나 그곳은 올빼미와 박쥐에게는 존재의 집이 된다. 시조도 그렇다는 인식이다. 실용적 논리로 볼 때, 시조는 폐광처럼 쓸모 없는 것으로 보기 쉽지만 그러나 시조야말로, 살얼음 딛고 가는 풍진 세상을 건너는 이들에게는 징검돌과 같은 것이라는 강한 믿음을 지니고 있는 것이다. 시조에 대한 강한 자의식이 아닌가. 그는 시조가 풍진 세상의 생명의 노래여야 함을 강하게 인식하고 있다. 따라서 이 작품에서 서우승의 시정신을 추출할 수 있을 듯하다.

이 작품의 어조는 호구를 잇기 위해 엉뚱한 데로 발길 돌리는 어깨 처진 소시민들에게는 연민을 보이면서도, 도처에 도화선 깔고 야합하는 세태에 대해서는 강한 질책을 함의하는 이중성을 띠고 있는데, 이는 서우승 시조가 지닌 情과 知의 균형감각의 한 레벨로 보아도 좋은 것이다. 여기서 서우승은 세태를 매우 균형감각으로 응시하고 있음을 보인 셈이다. 서우승이 강한 개성을 지닌 시인이지만 그의 시선은 매우 균형을 유지하고 있다고 전제할 수 있음은 여간 다행스러운 일이 아니다. 이 같은 미덕은 앞서 지적한 바대로 情과 知의 균형감각 레벨에서 기인하는 것이다.

시조가 이 풍진 세상에서 매우 중요한 역할을 할 수 있다는 시조시인 서우승의 강한 자부심은 매우 바람직한 것으로 노래꾼 특유의 풍모가 아닌가 한다. 시조가 겉으로 보기에는 폐광처럼 그 역할이 소멸된 듯해도 풍진 세상의 존재의 집으로서 기능할 수 있음을 확신하고 있는 것은 시조단을 위해서 소중한 인식이다.

그러면서도 시조가 역할을 제대로 하지 못하고 있다는 비판적 인식을 보인다. 그래서 서우승은 자신이라도 풍진 세상에서 제대로 된 노래꾼이 되어야겠다는 결의를 은연중에 드러내는 것이다.

3. 존재의 허무

서우승은 풍진 세상의 노래꾼으로서 먼저 존재의 허무를 깊이 인지하고 노래한다.

하늘 찌른 손끝으로 노을을 어루만지는
저 짓만 되풀이하는 미루나무 아래
반백(半白)을 바람에 맡긴 초로(初老) 한 분 섰습니다.

—「카메라탐방—필름 · 8」 전문

연작시조「카메라탐방」은 서우승에게 중요한 시적 성과다. 이 연작시조 중 인용작품은 존재의 허무적인 풍경을 찍어낸다. 단형의 평시조이지만 이 작품은 많은 의미를 내포한다. 초장, 중장의 자연 현상과 종장의 인간이 병치된 상호텍스트성은 극명하게 허무의 풍경을 만들어내고 있는 것이다. 하늘 찌른 손끝은 물론 미루나무 잎일 것이다. 그 잎이 노을을 어루만지는 저 짓만 되풀이하는 것은 반백을 바람에 맡긴 초로의 삶을 투영한다. 반백의 세월 동안 매너리즘에 빠진 반복적인 삶을 살아왔음을 강하게 암시하고 있다. 그것은 존재의 허무를 강하게 암시한다.

서우승은 카메라탐방을 통하여 삶의 다양한 풍경을 제시하고 있는데, 그 중에서도 존재의 허무를 암시하는 풍경은 매우 인상적이다.

의족(義足)도 남루도 그대로인 나를 받아 섰습니다
허기진 새떼를 쫓다 허기지는 이 하루도
벼이삭 굽실거리는 날의 임금만한 꿈으로

쫓아볼 새떼마저도 거두어간 빈 들녘
온 가을을 지킨 품삯, 돌팔매질로 갚습니다
속아온 하늘 아래서 허허허허 허허허허.

—「허수아비의 노래」 전문

그 허무를 암시하는 풍경은 허수아비를 통해서 더욱 절실하게 제시되고 있다. 의족도 남루도 그대로인 채 허수아비는 허기진 새떼를 쫓다 허기진 하루를 보낸다. 벼이삭 굽실거리는 날의 임금만한 꿈을 꾸지만 쫓아볼 새떼마저도 거두어간 빈 들녘으로 남아, 온 가을을 지킨 품삯이라곤 돌팔매질밖에 없다. 그래서 허수아비는 속아온 하늘 아래 허허허허…… 탄식을 내뱉고 있다. 허수아비의 노래는 상호텍스트성으로 읽을 때 「카메라탐방—필름 · 8」의 반백의 초로의 노래로 읽어도 좋다. 인간 존재의 허무를 노래한 「카메라탐방–필름 · 8」이나 「허수아비의 노래」 같은 작품은 서우승 시조의 주요한 포즈로 자리하는 것이다.

4. 존재의 슬픔

서우승은 존재의 슬픔도 노래한다. 그러나 그의 노래는 슬픔에 함몰되는 것이 아니라 슬픔을 견디는 강렬한 삶의 의지, 곧 존재의 허무에 굴복하지 않는 강한 의지를 내포한다.

피고 말고 그럼,
밟히는 덴 이력이 난 걸
손쉽게 버려진 자리 뿌리로 버티면서
막다른
이승의 골목,
아득바득 돌아섰는 걸.

죄 털리고 주저앉아도
꿇지 않은 이 남루를
미소로 도배하고는 오냐, 부딪쳐보자 하늘아
눈 뜨면
홀로인 새벽
유성(流星) 한줌 움켜 쥘 뿐.

쉴새없이 태어나고
죽어가는 밤마다
볼장 다 본 무감(無感)의 살 속 간직한 울음으로
바람의
단잠에 깔려
또 한 겹 불면(不眠)을 피운다.

—「이 땅의 민들레」 전문

민초들의 슬픔이 형상화된 작품이다. 민들레의 생태를 통해서 민초들의 삶을 투영하고 있는 것이다. "밟히는 덴 이력이 난 걸"이라는 언표만 보아도 그것이 여실하게 드러나고 있지 않는가. 손쉽게 버려진 자리에 뿌리로 버티면서 삶을 영위하는 민들레의 처한 현실은 막다른 이승의 골목이다. 이런 역경에 처한 민들레가 환기하는 민초들의 삶은 매우 강렬하게 다가온다. 죄 털리고 주저앉아도 꿇지 않은 이 남루를 미소로 도배하고는 오냐, 부딪쳐보자 하늘아라고 절규하며 생명의 강한 의지를 드러내고 있지 않는가. 다시 말해 존재의 허무에 굴복하지 않는 생의 의지를, 이 땅 민들레의 생태에서 끌어와서 '쉴새없이 태어나고 죽어가는 밤', 즉 허무의 밤을 불면의 눈을 뜨고 버티는 모습으로 형상화한 것이다.

아직은 전생만 더듬는
이 적막 가르며
쨍그랑, 동전 몇 닢이 이승하늘 열어줍니다
나에게 내가 불러 주는
노래값이 팔매질되어.

테 매어 부지하는
목숨만큼 위태한
생활의 터널 속을 기타줄로 헤쳐가면

목이 쉰 짐승이 되어
슬플 짬도 없습니다.

새 울 때 울어야
그 울음이 곡진한 법
마른 세상 붙들고 때도 없이 울어쌓다니
구경온 조무래기들만
추임새를 넣어 줍니다.

뉘 몫의 색안경입니까,
벌 받듯 맡은 천직(天職)
미안합니다, 이 하루도 쓰레기로 보일 밖에는
차라리 참회하듯이
눈총 받고 섰을 밖에는.

—「거리의 맹인악사」 전문

거리의 맹인악사를 노래한 이 작품도 슬픔의 무게가 산과 같이 무겁다. "아직은 전생만 더듬는"이라고 시작하는 이 작품은 미적 충격을 줄 만하다. 한번도 이승을 본적이 없으니까, 아직은 전생만 더듬는 형상이 아닌가. 쨍그랑, 동전 몇 닢이 이승 하늘을 열어준다고 처절하게 노래한다. 맹인악사가 처절하게 느끼는 적막은 한 치 앞을 내다볼 수 없는 우리네 인생길의 선명한 비유로 보아도 좋다. 따라서 이 작품에 등장하는 맹인악사가 느끼는 적막은 우리 모두가 느끼는 적막의 제유가 된다. 우리는 눈을 뜨고 있지만 실상 이 작품 속의 맹인악사처럼 무엇 하나 제대로 보지 못하고 있는 것이 아닌가. 거리의 맹인악사는 존재의 슬픔의 등가물로 전경화된다.

그런데 아이러니칼하게도 맹인악사는 존재의 슬픔에 빠져 있을 시간도 없다. 테 매어 부지하는 목숨만큼 위태한 생활의 터널 속을 기타줄로 헤쳐나가면 목이 쉰 짐승이 되어 슬플 짬도 없는 것이다. 게다가 시도 때도 없이 마른 세상 붙들고 울어쌓는 맹인악사에게 구경온 조무래기들만 추임새를 넣을 뿐 아무도 관심을 갖는 사람조차 없다. 이 같은 존재의 슬픔은, 뉘 뭎의 색안경입니까라는 처절한 절규로 더욱 두드러진다. 그러나 이 작품 속의 맹인악사가 자신의 처지를 벌 받는 천직으로 생각하고 참회하듯 생을 영위하는 것으로 귀결됨으로써 존재의 슬픔을 결코 회피하지 않고 운명적으로 받아들이면서 존재의 적막을 헤쳐나가는 강한 생의 의지를 함의하는 것이다.

5. 존재의 달관

서우승은 어떤 때 보면 도사 같다. 무엇이든 다 알고 있을 법한 모습을 하고 있는 것이다. 그래서 그에게 가면 얽힌 삶의 문제도 해결할 수 있는 방안을 얻을 수 있을 것 같은 느낌이 들기도 한다. 그것은 존재의 허무를 인식하고 존재의 슬픔을 견디고 존재의 달관으로 세속을 초탈하는 모습을 보이고 있는 그의 작품 경향 탓일까.

하늘빛에 끌리어
오를 만큼 오른 동네
바람난 시나브로 겨운 풍경 집적이더라
쭉정이 낱낱이 까며
투정부리는 소리로

비 오는 날 구멍가게마다
모여드는 처진 어깨들
세상에 섞이지 못한 날품팔이의 하루
한숨을 고함과 바꾸더라
막소주의 힘으로.

군데군데 짜집기한
골목길 막아선 똥차
그 사이로 용케용케 이삿짐 들고 나고
황급히 달아나더라
길 잘못 든 휘파람 하나.

—「달동네 인상(印象)」 전문

그가 바라보는 삶은 인용작품처럼 고통스러운 현장이다. 하늘빛에 끌리어 오를 만큼 오른 동네, 이름하여 달동네의 비 오는 날 구멍가게마다 모여드는 처진 어깨들이 세상에 섞이지 못한 날품팔이의 고단한 하루를 막소주의 힘으로 견디는 풍경이 제시된다. 그런 가운데 군데군데 짜집기한 골목길 막아선 똥차 그 사이로 용케용케 이삿짐이 들고 나는데, 길 잘 못 든 휘파람 하나가 황급히 달아난다. 이는 휘파람이 상징하는 여유로운 삶과는 사뭇 어울리지 않는 달동네의 풍경을 희화적으로 드러낸다. 이같이 묘사된 달동네는 서우승이 응시하는 가장 리얼한 삶의 현장인 것이다.

미래사
가는 길에
내생만한
꽃을 만나

스치는
눈인사에
절이 한 채
생겨나서

심부름
까마득 잊고
소풍 속에
노닌다.

—「심부름」 전문

그럼에도 불구하고 인용작품처럼 유유자적하는 모습을 보이는 것은 존재의 달관으로 세속을 초탈하는 서우승의 시인정신에서 기인하는 것으로 보인다.

미래사 가는 길은 인생길의 비유다. 그렇다면 그 길에서 만난 '내생만한 꽃' 을 만난 것은 그에게는 '시조' 라고 보아도 좋다. 서우승이 만난 시조는 궁극적으로, 존재의 허무와 슬픔을 딛고 달관으로 만난 '새로운 삶' 이라는 '절 한 채' 를 안겨준 것이다. 다소 작위적인 작품 읽기로 볼 수도 있지만, 인용작품 「심부름」이 인생의 알레고리로 본다면 위와 같은 해석도 가능한 것이다.

6. 통영의 딸깍발이

시조시인 서우승을 대면하고 그의 작품을 읽다보면 남산골 샌님의 별칭인 '딸깍발이' 가 눈앞에 아른거린다. '딸깍발이' 는 청렴과 지조의 남산골 샌님을 묘사한 이희승 선생의 수필에 그리고 있는 인물이다. 주지하다시피 수필 속의 '딸깍발이' 는 청렴 결백과 지조, 혹은 '앙큼한 자존심' 과 '꼬장꼬장한 고지식' 을 생활 신조로 삼았던 조선 시대 선비의 모습으로 표상되고 있다.

나는 서우승이 현 시조단의 마지막 딸깍발이일지도 모른다는 생각을 하고 있다. 왜 이 같은 생각을 하게 되었을까. 무엇이라고 확연하게 입증할 수는 없는 노릇이지만, 존재의 허무와 슬픔에 얽매이지 않고 매사 초탈한 듯한 달관의 풍격으로 이 풍진 세상을 위풍

당당하게 시조시인으로서 한 점 부끄럼도 없이 거침없이 걸어가고 있는 서우승의 시인다운 풍모에서 아마, 조선조 고지식한 딸깍발이를 연상한 것은 아닐까.

청마문학상을 받은 서우승 시조시인이 딸깍발이 정신으로 문향 통영의 시정신을 더욱 확장할 수 있을 것으로 기대해본다.(2003년)

이우걸의 쾌도난마

어제 오늘의 일은 아니지만, 생은 참 난해하다. 그것은 생 자체의 문제도 있지만, 시대의 난해성 탓이기도 하다. 어제보다는 오늘이 더 난해하고 아마, 내일은 더 난해할 것이다. 정말, 묵시록의 시대가 도래하고 있는 것인가. 도무지 이해할 수 없는 일들이 처처에 일어나고 있다. 아침에 눈을 뜨면 오늘 또 무슨 일이 일어날 것인가, 두렵기만 하다. 그러다보니, 생의 단면을 서정적으로 포착하여 보여주는 '시' 마저도 점점 더 난해해지는 것.

그런데 이우걸의 시는 한마디로 쾌도난마다. 그의 시는 난해한 생을 매우 명쾌하게, 아름답게 보여준다.

오늘의 시가 난해한 시대를 반영하여 난삽해지는 것을 이해하지 못할바는 아니지만, 새로운 소통을 위해서는 보다 높은 지향의 시법이 요구된다. 특히, 서정시는 더욱 그렇다. 생의 한 단면을 명쾌하게 정리하여 짧은 문장으로 보여주는 것만큼 절실한 것이 없는 듯하다. 생과 시대가 난해해질수록 더욱 그리운 것은 단순명쾌함이다. 그런 측면에서 이우걸이 천 년의 시작에서 지난 2월 발간한 신작시집 『나를 운반해온 시간의 발자국이여』은 주목을 요한다.

1973년 『현대시학』으로 등단한 이우걸은 올해 시력 36년을 맞았다. 그동안 불꽃 같은 삶을 살아왔다. 시조시인으로 교육자로, 그가 이룬 업적은 경이롭다. 그는 언제나 시조운동의 전위에, 중심에 서 있었으며, 끊임없이 새로운 시조 창작과 이론으로 새로운 시조 담론을 생산해왔다. 나아가 그는 시전문지 『서정과 현실』을 주재하며 시조라는 카테고리를 넘어 범시단의 영역에서 시조의 진로를 모색하는 작업을 꾀하고 있다.

교육자로서도 평교사로 출발해서 올해 밀양교육청 교육장을 역임하고 명예롭게 퇴임하였다. 문인으로 온 생을 살아왔음직한 그가, 어떻게 교직에서도 수장에 올랐을 만큼 역량을 발휘한 것일까.

이우걸 하면, 한마디로 경이, 그 자체라고 말할 수밖에 없다. 그런 그가 이번에 교직 퇴임 기념 신작시집을 상재하며, 그간의 성과를 결산하고 있는 것이다.

지난 2월 14일 밀양연극촌 우리동네극장에서 열린 이우걸의 11번째 시집 『나를 운반해온 시간의 발자국이여』 출판기념회는 또 하나의 색다른 이벤트가 되었다. 이날 이윤택 연출가는 이우걸 시인의 주요작품들을 노래, 시조창, 랩 등의, 근래에 보기 드문 특별한 시낭송행위전을 펼쳤던 것이다. 이우걸은 매너리즘에 빠져있는 출판기념회의 형식을 전복하여 가장 전통적인 시조가 얼마나 현대적으로 소통할 수 있는 장르인지를, 일순간 이벤트로 보여주었다.

이우걸은 가장 전통적이면서, 가장 전위적인 참으로 패러독스한 모습이다. 그의 활달한 캐릭터는 그 어떤 것에 갇히거나 매일 수 없는 경지에 이미, 도달한 듯하다.

월평을 경전처럼 받들던 때가 있었다
말을 길들이고 자유에 경고를 주던
서글픈 눈치 보기가
젊은 한때의 공부였다.

노을처럼 흩어져 있는 감정의 파편을 보며
깨어진 거울에 비친 사물들의 음영을 보며
철없이 내가 믿었던
그 독서는
끝이 났다.

지금도 가끔 월평은 읽곤 하지만
어구들의 성찬이 만든 어설픈 문맥을 보면
지워진 어제가 떠올라
쓰디쓴 미소 짓는다.

—「월평을 읽으며」 전문

이우걸의 시에 대한 달관과 혜안이 어느 경지에 도달해 있는지를 예표한다. 그는 이미 문자에도, 시론에도 매이지 않는 시의 자유를 얻은 듯하다. 젊은 시절에는 누구나 그렇듯이, 문자에 매이고 시론에 매인다. 그래서 문자를 위한 시, 시론을 위한 시, 즉 주객이 전도된 시를 쓰는 경우가 없지 않다. 그래서 실상은 노을처럼 흩어져 있는 감정의 파편이거나 깨어진 거울에 비친 사물들의 음영의 난삽성으로 전락하기 십상이다.

오늘의 시가 혹시, 화려한 수사로 현대성을 반영한다고는 하지만, 여전히 문자를 위한 시, 시론을 위한 시에 갇혀 있는 것은 아닌지. 그래서 '어구들의 성찬이 만든 어설픈 문맥' 으로 드러나는 것은 아닌지.

화자가 짓는 '쓰디쓴 미소', 이게 난삽성이 끊임없이 유포되는 오늘 시의 쓸쓸한 풍경을 표상하는 것이 아니고 무엇이겠는가.

이번 시집에서 가장 주목되는 것은 쾌도난마의 시법이다. 난삽한 오늘의 시를 가장 기본적인 시법 하나로, 단칼에 정돈시키고 있다.

오늘의 시대에 왜, 아직 시조여야 하는가, 이런 물음은 시시때때로 찾아온다. 그래서 자유시와 어떤 변별을 갖는 것인지, 이에 대한 답변을 시조시인들은 언제나 작품으로 마련해야 한다. 그런데, 실상 이에 대한 답변은 분명하지가 않다. 그런데 이우걸은 쾌도난마의 단칼로 분명한 답변을 보인다. 그것은 바로 이번 신작시집이라고 말해도 좋다. 혼돈의 국면에 빠져든 우리 시단에 다시 한번 시의 본질이 무엇인지를, 시조시로서 분명하게 보여주기 때문이다.

무딘 감성이 꾸역꾸역 토해내는

시든 형용사 같은, 철지난 부사 같은

이제는 더 줄게 없어

돌아앉은 퇴기 같은,

—「11월」 전문

직유로 빚은 11월의 이미저리가 어쩜 이렇게 단순명쾌할까. 10월도 아니고 12월도 아닌, 11월의 이데아가 너무 선명하게 드러난다. 11월은 이제 가을이라고 하기에는 너무 겨울에 가깝고 겨울이라고 하기에는 아직 가을인 11월, 그렇다, 시든 형용사 같고, 철지난 부사 같고, 돌아앉은 퇴기 같다. 이우걸의 적확한 직유는 비유의 교과서 같다.

우리는 흔히, 시에서 직유를 많이 쓰면 안 된다고 한다. 직유는 가장 초보적인 비유법이니, 가능하면 피해야 하는 것으로 안다. 그런데 이우걸의 이번 시집은 직유에서도 거침이 없다. 나는 이번 시집을 통해서, 쾌도난마의 직유 하나만으로도 아름다운 한 편의 시가 될 수 있다는 것을 새삼 확인한다. 가장 기본적인 시법 하나로 가장 깊은 진경을 드러낼 수 있다는 것을.

김씨는 어쩌면 자기가

부록 같은 생이라고?

—「부록」 부분

장님이 데리고 가던
어느 딸애의 살결 같은 꽃.

—「달맞이꽃」 부분

뿌리도,
없이 내리는
실직 같은 비를 본다

—「산인역」 부분

이번 시집을 읽으면서 가장 기본적인 비유인 직유가 새삼 얼마나 아름다운 것인지, 그리고 얼마나 생의 진경을 잘 드러내게 하는 것인지를, 확인하게 되었다.

"부록 같은 생", "살결 같은 꽃", "실직 같은 비" 등과 같은 단순명쾌한 직유들이 왜 큰 울림이 있을까. 평범하게만 보이는 직유의 힘은 어디에 있는 것일까?

만장처럼 젖은 글발이 하늘에 펄럭인다

저 횡서의 상형문자를 달빛에 비춰보면

추억을 현상해내는 미세한 필름이 있다.

—「기러기 · 2」 전문

이우걸의 직유는 단순명쾌하지만 그것은 높은 지향성을 보인다. "만장처럼 젖은 글발" 같은 경우도 글발을 만장으로 비유하는 단순 구조가 아니다. 글발은 이미 기러기의 메타포이고, 그것은 다시 횡서의 상형문자로 필름으로 확산된다. 그래서 결국 직유는 상징의 영역으로 편입되는 것이다. 게다가 「부록」이나 「달맞이꽃」, 「산인역」 등에서 보이듯, 어떤 경우에는 직유가 내적 텍스트를 넘어서 외적 문맥을 거느리면서 외연을 확장하기도 한다.

폐일언하고 「기러기 · 2」는 얼마나 아름다운 시인가. 이우걸 시의 아름다움은 언어의 아름다움에 있다. 그 아름다움은 가장 기본적인 시법인 직유의 아름다움에서부터 출발한 것이다.

오늘 우리 시대는 기본이나 근본을 무시하는 경향이 짙지 않은가. 시도 마찬가지다. 가장 좋은 시는 가장 기본에 충실한 시일 것이다. 기본을 무시하는 것이 마치, 전위적인 것인 양 치부하는 시단이라고 말해도 과언이 아니다.

이우걸은 아마 거의 무기교의 기교에 도달한 것 같다. 가장 기초적인 직유로서 생의 진경을 보여주는 것은, 난삽한 기교마저 초탈했다는 증좌가 아닌가.

꺼도 희미하고 안 껴도 희미하다

초점이 너무 많아

초점잡기 어려운 세상.

차라리 눈감고 보면

더 선명한

얼굴이 있다.

—「안경」 전문

오늘의 난삽성을 단칼로 정리해버리는 이우걸의 쾌도난마의 시법은 이 시에서도 잘 드러난다. 초점이 너무 많아 초점 잡기 어려운 세상이라고, 난삽한 이 시대를 한 마디 단칼로 베어버린다. '차라리 눈감고 보면 더 선명한 얼굴', 이 명제는 경구에 가깝다. 그의 단순명쾌의 쾌도난마는 역설적으로 그의 시의 높은 지향성을 드러낸다.

이제까지 이우걸은 시조의 창작방법론에 대한 다양한 실험을 해왔다. 그런데, 이번 신작시집에서 보이는 유독 눈에 띄는 것이 쾌도난마의 단순명쾌함이다. 이것은 시의 본질이고, 더욱 시조 시학의 요체다.

난삽한 우리 시대에 왜, 시조인가를 이번 시집은 보인다. 쾌도난마의 단칼의 시학이 우리 시대 시조가 귀착해야 할 한 지향점임을 분명히 보인 것이다.

무릇 시란 정신의 핏빛 요철이므로
장님도 더듬으면 읽을 수 있어야 하리
집 나간 영혼을 부르는
성소의 권능으로.

얽힌 말의 실타래 같은
이미지의 굴레 같은
그 터널을 절뚝거리며
내 독자는 걸어 왔구나
그러나 양파 속이여
아 들어날
허방이여.

—「시」 전문

이우걸의 시는 서정시조의 교과서다. 그런데도 정작 자신의 시는 아직 '허방' 이라고 생각한다.

그래서 그의 시의 길은 아직 끝나지 않았다. 그에게는 끝없는 정진만이 살아 있을 뿐이다. 기존의 시론으로 만족할 수 없는 그의 지향성은 여전히 미래형일 수밖에 없다.

이제 공직에서 정년퇴임을 하고, 새로운 시의 길로 매진하게 되는 이우걸이 다시 성취하게 될 큰 시학을 기대해보는 것이다. 무릇 예술에 절대 완성은 없는 법이다. 그래서 지향만이 있을 뿐이다.

이는 이우걸에게도 예외가 아닐 것이다.

벚꽃 환한 이 봄날에 자네의 비보가 닿았네
하늘보고 더럽게 침 한번 뱉어보네
이제는 욕할 친구도
욕해 줄 친구도 없네.

—「서우승에게」 전문

참, 고단하고 지난한 예술가의 길을 걸어온 이우걸에게, 언뜻언뜻 쓸쓸함이 묻어 있는 것을 확인하게 된다. 지난해 급사한 '서우승 시인' 을 생각하는 한 편의 시에서도 생의 쓸쓸함이 여과 없이 드러난다. 화자는 벚꽃 환한 봄날 친구의 부음을 들었다. 친구의 부음을 듣고 자신을 돌아보며, 점점 고립무원이 되어가는 것이, '생' 이라는 사실을 다시 확인하게 되었을 것이다.

지난해 친구를 보내고, 올초에 정년퇴임을 하고, 이제 새롭게 시의 길을 걸어가는 이우걸에게 다소의 쓸쓸함이야 어찌 없겠는가.

이제 큰 전환기를 맞은 이우걸 시인이, 어떤 시조로 한국시조단에 기여하게 될 것인지, 사뭇 궁금해진다. 그동안 교육자로서, 시인으로서 모두 일가를 이룬 인간 이우걸이, 오직 시인으로서 어떤 행보를 보일지?

많은 시조시인들이 앞으로의 이우걸 행보에 큰 관심과 기대를 갖고 있는 것은 우연이 아니다. 우리 시조단에 '이우걸' 은 결코 흔치 않은 브랜드이기 때문이다. 가람, 노산, 초정 등의 우리 시조단의 빛나는 전통을 이어가고 있는 현역 시인이 그렇게 많지 않다는 점에서 이우걸 브랜드는 매우 소중한바, 그런 그가 이제 온전히 시조의 길을 새롭게 개척해나갈 것이니, 어찌 그를 다시 주목하지 않겠는가.

이번 시집을 통해서 난삽한 우리 시의 길을 쾌도난마의 단칼로 시의 본질을 환기했듯이, 다시 한번 우리 시를 위해서 또 하나의 큰 길을 열 것으로 기대해 마지않는다.(2009년)

강윤수의 도래마을

강윤수 시인은 1974년 『현대문학』 추천으로 등단한 중견시인이다. 그의 시력이 이제 30년에 접어들고 있다. 그간 『가위소리』, 『외출타기』, 『木林帖』, 『잠든 소리들이 일어날 때』, 『비워 둔 자리』 등 다섯 권의 시집을 상재했다.

강 시인께서 나에게 전화를 주셨다.

"이번에 『경남문학』에서 나를 집중조명한다고 하는데 이 교수가 작품 선정과 해설을 좀 해주세요."

"선생님, 제가 제5시집 해설을 썼지 않았습니까, 다른 분으로 하시는 것이 좋을 것 같은데요."

"그냥 써주세요. 다른 데 부탁하기도 그렇고… 이 교수가 힘드시면 그냥 집중 조명 사양하겠어요."

이렇게 말씀하시니 어찌 쓰지 않을 수 있겠는가.

"그럼, 제가 써보겠습니다. 제가 가진 시집이 3권밖에 없는데, 첫 시집 좀 주시죠."

"시집이 내게도 없어요. 그것 가지고 써주세요."

"그러면 선생님이 대표작 10편 정도 선정이라도 해주시죠."

"그냥 이 교수가 알아서 골라주세요."

강윤수 시인은 매사 이런 식이다. 문학으로 무슨 이름을 내겠다든지 입신하겠다는 생각은 애초부터 가지지 않았다.

자본주의 시대는 문학도 상품이 아닌가. 대부분의 문사들은 백화점에 상품을 진열하듯이 자신의 작품을 포장하여 알리고 브랜드 가치를 높이기 위해서 백방으로 노력한다. 그래서 어느 정도 입지를 굳히게 되면 다시 중심세력화하기 위해서 주변의 사람을 모으고 파벌을 조성하면서 자기사단을 구축하는 일이 비일비재하지 않은가. 그러다 보니 문단의 혼탁과 무질서가 문제점으로 드러나지 않는가.

강윤수는 문학적 역량이나 위상으로 보아 문단의 세력화나 섹트화에 참여할 수 있는 처지였지만 그런 일에 관심을 두지 않았다. 그는 삶을 사랑하고 그만큼 문학을 사랑하고 그 순수성을 옹호할 뿐이었다.

일생을 열애하는 마음이라면 세상은 여전히 아름답고, 자연은 영원하리라는 생각대로 詩를 써 왔다.

나는 詩에게 엄청난 의미를 부여하고자 하지 않는다. 현실에 무심하고자 했다. 다만 본 대로 느낀 대로 같이 보고 느끼고 했을 뿐이다. 詩로써 歷史를 진단하며 세계를 진단하는 일 등은 나에게는 너무나 어려운 작업이다. 스스로를 가꾸며 스스로의 삶의 길을 찾는 것으로 족한다.

시집 『외줄타기』 '自序' 에서도 확인되지 않는가. 결국, 강윤수의 시 쓰기는 스스로의 삶의 길 찾기다. 그렇다면 30년의 시력에 가까운 그의 시 쓰기 곧 삶의 길 찾기는 이제 어느 정도 정립단계에 도달했을 만하지 않겠는가.

나는 이미 그의 시집 『비워둔 자리』 해설에서 그의 시세계를 역사와 도시의 비정, 그리고 순수의지로 규명하면서 그의 순수 이미저리가 역사나 도시의 비정을 후경으로 하고 전경화된다고 지적한 바 있다. 그의 시가 역사나 도시의 비정을 노래한 국면도 놓칠 수 없지만, 그의 시의 주된 국면은 역시 그리움의 순수서정(의지)에 있다.

> 문을 사이해서
> 문안과 문밖은 늘
> 다른 세상이었네.
>
> 아침 저녁 현관을 지나며
> 안과 밖의
> 굵은 빗장을 벗겼지.
>
> 밖은 잘 닦은 窓에
> 비치는

아름다운 바다였고

안은 푸른 커텐을 두른
깊은 내실의
꽃망울이었어

내 生活의 바다
한동안 몽롱한 바람이 불고
폐선의 검은 기름은 흘러
窓은 얼룩졌었지.

出帆의 날에 더 넓은 바다
그렇게 깨끗한 바다인 것을

이제 돌아와 현관에서
바라던 사람을 기다리는 나날
문은 열리고

窓가엔 빛 고운
술잔이 놓였지.

우리들의 生活이
물수건에 젖어 빛나는

저녁을 준비할 때

현관에서 들리는
가지런한 발소리들

하루의 은비늘이
식탁 위에
참 눈부시게 빛나고 있네.

—「현관」 전문

강윤수는 창원시 북면 외산리 외딴 마을인 도래마을에 안착하여 욕심없이 살아가고 있다. 그것이 연작시 「도래마을」에 잘 드러난다. 도래마을은 한 번도 와본 적이 없는 낯익은 타향이고 전생에 고향이었을 아늑한 정을 지나다 정말 우연히 지나다 필연으로 느껴 머문 곳이라고 한다.

강윤수의 시적 토포스인 '도래마을'은 그의 시세계를 집약하는 시적 상징으로 중요한 의미를 지닌다.

그렇다면 강윤수가 도래마을에 안착하게 된 것은 그의 시세계에 결정적 영향을 미친 것으로 볼 수 있다. 왜 그가 도래마을에 안착할 수밖에 없었는지는 이미 초기작 「현관」의 경계의식에서 예표되고 있다. 현관이라는 공간은 문의 안과 밖의 경계지표다. 문을 사이로 해서 문안과 문밖은 다른 세상인 것이다. 일찍부터 그는 현관 안의 이상공간을 그리워하고 있었다. 그곳은 하루의 은비늘이 식탁 위에 참 눈부시게 빛나는 공간으로 형상화되었다.

그의 경계의식은 이상공간에 대한 그리움을 지폈고 그것이 궁극적으로 현실화된 곳이 바로 도래마을이다.

강윤수 시에서 도래 마을로 표상되는 이상공간에 대한 순수의지가 그리움의 서정을 꽃피운다.

> 서 있는 곳을 알려고 말자
> 아찔한 벼랑끝일 수 있고
> 황량한 벌판일 수 있다.
> 군중 속의 비웃음일 수 있고 눈물안의
> 맨 끝줄일 수 있다.
>
> —「외출타기」 부분

> 앞 뒤 사이
> 내가 있음을 보았고
> 줄 밖으로 밀려 내가 없음을 보았다.
>
> —「줄서기」 부분

강윤수의 시는 경계의식을 토대로 실존적 인식을 가열하게 보인다. 그의 대표작의 하나인 「외줄타기」는 특히 실존적 인식을 토대로 다양한 삶과 죽음, 만남과 헤어짐, 현실과 이상의 다양한 변주를 보이면서 깊은 사유의 세계를 펼친다.

이런 벼랑 끝에 외줄을 매달고 그 위에 서 있는 광대와도 같은 것이다. 불완전한 존재로서의 인간이 만나고 사랑하고 헤어지고 또 어디론가 떠나는 것이다. 그리곤 언젠가는 외줄에서 또 내려와야 한다. 「줄서기」에서도 마찬가지로 줄안과 밖의 경계의식을 드러내면서 자신의 의지나 존재와는 상관없이 계속 끝없이 이어지는 줄의 존재를 보고 우주적 삶의 질서도 인식한다.

강윤수는 경계안에 한계 지어진 존재임을 일찍이 인식했기 때문에 '바다' 로 표상되는 그리움의 순수의지를 뻗친 것으로 보인다.

그리움을 아는 이에게
바다를 가르쳐 주자.
바다엔 잊기 좋은 과거가 있고
나를 좋아했던 사람의 말소리
나를 아프게 했던 눈빛의 파도
파도는 바람이 만들지 않아도
떠난 이들의 자조와 후회로 출렁인다.
잠깐이라도 잠들고 싶은 때
바다를 생각하고
슬퍼도 웃을 수 있는 가슴이
그리운 때
바다로 가자
바다엔 어둠에도 익숙한 뱃길이 있고
떠나고도 흔적없는 해변이 있다.
엉긴 아픔은 해안으로 밀리고

불러도 대답없는 이름들은
벼랑에 새겨져 있다.
미련도 아쉬움도 모두 잊은
갯바위 하나
과거 속에 서 있다.

—「바다 일기 · 7」 전문

연작시 「바다 일기 · 1」에서는 더하고 더해도 하나뿐인 내가 바다에 왔을 때 바다엔 빈 하늘만 떠 있었다고 노래한다. '바다'는 그리움의 표상이다. 오로지 혼자뿐인 바다에서 빈 하늘만 바라보았을 때 느껴지는 외로움과 고독, 그래서 더욱 그리워지는 심사를 헤아리기 어렵지 않다. 강윤수는 「바다 일기 · 7」에서는 그리움을 아는 이에게 바다를 가르쳐 주자라고 노래한다. 바다에는 잊고 지내기 좋은 과거가 있고 나를 좋아했던 사람의 말소리 나를 아프게 했던 눈빛의 파도가 있다. 그리고 파도는 바람이 만들지 않아도 떠난 이들의 자조와 후회로 출렁인다는 것이다. 따라서 바다는 추억의 공간이 된다. 잊어버린 모든 과거가 그 속에 모두 존재하고 있다. 그뿐 아니다. 바다엔 어둠에도 익숙한 뱃길, 떠나고도 흔적 는 해변이 있다. 불러도 대답없는 이름들은 벼랑에 새겨져 있다. 미련도 아쉬움도 모두 잊은 갯바위 하나 과거 속에 서 있기도 하다.

그래서 그리움을 아는 이에게 바다를 가르쳐 주고, 그리울 때 바다로 가자고 노래한다. 시인은 그리움으로 몸이 달아오를 때 바다로 간다. 그러나 그 바다는 추억공간일 뿐이다.

지워도 지울 수 없는
그리움으로

별빛은 저리도 차가왔을까.

향기론 눈물은 고여 고여서
눈물보다 하얀
꽃이 되었네.

—「박꽃」 전문

「바다 일기 · 7」의 불러도 대답없는 벼랑에 새겨져 이름이나 미련도 아쉬움도 모두 잊은 갯바위처럼 그리움은 과거의 추억의 공간에 화석화되었지만 그 그리움의 향기론 눈물이 고이고 고여서 눈물보다 하얀 박꽃을 피운 것이다. 경계의식 속에서 뻗쳐오르는 그리움의 순수의지는 '박꽃'으로 표상되는 아름다운 서정시편들을 빚어낸 것이다. 「기러기야」, 「이 가을엔」 등처럼 강윤수의 시세계를 관류하는 것은 그리움의 순수의지다.

앞에서 지적한 바대로 그리움의 순수의지가 추억의 공간인 '바다'를 거쳐 '도래마을'을 만나면서 현실화되는 국면을 맞이한 것은 강윤수 시에서 키워드가 된다.

멋대로 살면서

나는 것 정해본 일 없는 내가
발길 따라
구름 흘러 따라 흐른 곳

창원시 북면 외산리 도래마을
산 돌고 물 돌고
길 돌아 도는 마을
한번도 와본 적 없는
낯익은 타향
전생에 고향이었을 아늑한 정을
지나다 정말
우연히 지나다 필연으로 머물게 된 곳

—「도래마을-北面行」 부분

도래마을에 안착하고부터 그의 그리움의 순수의지는 '바다'로 표상되는 추억의 공간에 머물지 않고 현실화된다. 다시 말해 그리움의 이상공간을 현실공간 속에서 꽃피웠다고 볼 수 있다. 강윤수의 시혼은 초기에서 보인 현관 안의 순수공간인 이상공간을 찾아 헤매는 여정이고 거기에서 주조를 띠는 것은 그리움의 정서였다. 그의 그리움이 안착한 공간이 바로 '도래마을'로 표상되는 것이다. 물론, 이 '도래마을'은 현실공간이지만 이 공간은 강윤수에게는 시적 공간이다. 도래마을은 궁벽한 퇴락한 공간으로 사람들에 버려진 공간이고 그래서 서서히 잊혀지는 공간이다. 그러나 강윤수는 이곳으로 찾아와서 이곳을 그의 시적 토포스로 설정하고 노래하는 것이다.

바람 부네
도래마을 옛집
빈 뜨락을 지키는 하얀 눈망울
떠돌던 혼이 돌아와 피어 있네.

잘 있어라
망설임 없이 떠나던 둑길
아득히
옛날은 가고

아지랑이처럼 아련히
봄이 오는 길목
참 깨끗한 그리움
하얀 눈물꽃이 피었네.

—「도래마을-목련」 전문

도시가 외면하고 사람들이 외면한 도래 마을에 강윤수 시인은 목련꽃으로 피었다. 평생을 꿈꾼 그리움의 순수서정이 도래마을에 핀 목련꽃으로 형상화된 것이다.

더 씻을 수 없는
물 같은 아내가
영세 받던 날

하이얀 한복을 입고 天使가 되어
내게 다가와서
나를 하늘이라 불러주었다.

성당이 오염될까 봐
성당에 가지 않는 거라 했더니
아내는 가만히 웃기만 했다.

—「영세」 전문

이제 강윤수는 행복한 시인이다. 그는 평생을 꿈꾸던 그리움의 순수서정을 도래마을에서 현실화하면서 아내와 더불어 욕심없이 살아가고 있지 않는가.(2003년)

앙불괴천의 박노정

군자삼락의 하나로, 인구에 회자하는 "仰不愧天 俯不怍人"이라는 말이 있다. 우러러 하늘에 부끄럽지 않고, 구부려 사람 앞에서도 부끄러움이 없다면야 지락이 아닐 수 없다.

시인이라는 이름이 부끄러울 때가 많다. 윤동주는 죽는 날까지 하늘을 우러러 한 점 부끄럼이 없기를 잎새에 이는 바람에도 괴로워했다고 노래했다. 윤동주는 앙불괴천의 지락을 후쿠오카 감옥에서 누리지 않았을까.

하늘 앞에서도 부끄럽고, 사람 앞에서도 부끄럽다. 사는 것이 부끄럽기만 하다. 시인이면 시인으로 살면 되는데, 시인으로 살기보다 시인이라는 허명에 취해 살고 있기 때문인 것 같다.

박노정은 문단권력이라는 말에 대해 간혹 말하곤 한다. 한 줌도 안 되는 유명 시인(?)이라는 이름을 무슨, 권력이나 되는 듯이 그걸 가지고 으스대고 도도한 체하는 것들에 대해, 분기탱천해 하는 반응을 보인다. 나도 덩달아 장단을 맞추긴 하지만…

최고만이 미덕인 세상에서

떠돌이 백수 건달로

세상은 견뎌 볼 만하다고

그럭저럭 살아 볼 만하다고

성공만이 미덕인 세상에서

끝도 시작도 없이

다만 가물거리는 것들과 함께

—「자화상」 전문

박노정의 자화상이다. 아니 시인의 자화상이다. 여기서 박노정과 시인은 한 몸이다. 최고만이 미덕인 세상에서 떠돌이 백수건달로도 견뎌볼 만하다는 것이다. 나는 이 시를 졸저 『시창작강의』에서 인용하고, 아래와 같이 썼다.

위의 시에서, 현실적이지 못한 시인 자신을 백수건달에 비유하고 있는 것이 퍽 시사적이다. 어쩌면 박노정 시인뿐만 아니라 시인은 모두 백수건달적 성격을 지니는 것 같다. 고기를 먹지 않고 향만 먹고산다는 '건달바' 처럼 시인은 현실보다는 이상이라는 '향' 을 먹고사는 존재가 아닌가 싶다.

시 쓰기는 백수건달처럼 비현실적인 것을 탐하는 것이기도 하다. 유명한 시인이 되겠다고 조급하게 이것 집적 저것 집적하는 것은 올바른 시인의 자세가 아니다.

시인은 현실 너머의 파랑새를 잡겠다고 길 떠나는 자인지도 모른다. 그런 그에게 '유명 시인'이 가당키나 한 일인가.

우리 시대 시인이란 어떤 존재여야 하는가, 란 물음에 답하는 시가 바로 「자화상」이 아닐까. 물론, 이 포스트모던한 시대에 시인이란 어떤 존재라고 한마디로 어찌 규정할 수 있겠는가. 천 사람이면 천 사람 모두 다 다른 말을 할 것 같은 우리 시대이니. 그렇더라도 나는 상당부분 시인의 자화상은 박노정의 「자화상」, 아니 박노정과 겹친다고 생각한다.

우리 시대 박노정 같은 시인 하나 있는 것이 그나마 얼마나 다행스러운가. 너 나 할 것 없이 타락한 시대 타락한 군상들이 우글거리는 우리 시대 시인이라고 무엇을 기대할 수 있을까. 하나같이 세속적이고, 명예와 권력을 탐하는 시대에, 누구에게 기대를 하겠는가.

이런 가운데 한결같은 모습, 한결같은 옷차림, 한결같은 마음으로, 최고만이 미덕인 세상에서 스스로 떠돌이 백수건달처럼 낮은 자리에서 그래도 세상은 견뎌 볼 만하고, 그럭저럭 살아 볼 만하다고, 성공만이 미덕인 세상에서 끝도 시작도 없이 다만 가물거리는 것들과 함께 하는 박노정, 그는 천생 시인이다.

박노정은 일찍이 세상과 정면으로 대응하여 지독한 싸움을 하였다. 도대체 삶이란 무엇인지, 지독한 고뇌를 안고 ROTC 장교시절 지독한 삶의 우울을 경험했다. 그는 목숨을 끊는 것과 같은 마음으로 세상을 등지고 산사를 떠돌았다. 젊은 시절을 지독한 회의와 우울로 생에 대한 통렬한 단련을 하고서, 그는 더 이상 세상을 등지지 않고 세상의 어둠을 걷어내기 위해서 참살이의 중심에 서서 세상을 개혁하고자 한다. 그런 그에게 하늘은 승려가 되는 대신 시인이 되게 하였다. 시인은 많은데 시인이 없는 시대에 시인으로 살게 하였다.

> 모두가 이겨라 이겨라고 부추길 때
> 내게 지라고 가르친 건
> 세상에서 오직 시 뿐
>
> 한때, 시여, 무기가 된 적도 있었던가
>
> 독약처럼 쓰디 쓴 율법으로
> 가장 낮은 몸짓으로
>
> 말씀의 절집에
> 홀로 들라 하시네
>
> —「시」 전문

시는 세상적 논리로 가르치지 않는다. 박노정의 우울은 시를 만남으로써 치유되고, 그래서 그는 안식을 얻은 것이 아닌가. 젊은 시절 떠돌던 그때 아마, 궁극으로 찾은 것이 시일 터이다. 도를 얻고자 떠돌다가 시가 도인 것을 체득한 것 같다. 그는 지금 절집에

거하지는 않지만 말씀의 절집, 곧 시에 거하므로 평화를 얻었고, 또한 새 힘을 얻었다고 본다. 모두가 이겨라고 이겨야 한다고 한결같이 부추길 때, 지라고 가르친 건 세상에서 오직, '시' 뿐이라는 깨달음, 이것이 도가 아니고 무엇인가. 지라고 가르치니, 그에게는 독약처럼 쓰디 쓴 율법일 터이지만, 이 명령 따라 박노정은 가장 낮은 몸짓으로 말씀의 절집에 거하며 살아가고 있다. 그래서 그의 직함은 참으로 이채롭다. 진주환경운동연합 공동대표, 진주시민사회단체연대회의 상임대표. 형평운동기념사업이사장, 6 · 15 공동선언 실현을 위한 진주시민운동 상임대표, 독도수호와 일본의 유엔안보리진출저지를 위한 시민운동본부 공동대표, 친일잔재청산시민행동 공동대표, 제6회 한국 강의 날 진주조직위원회 공동조직위원장 등등.

뭉게구름의

투성이 먼지의

천둥벌거숭이

단벌 인생

거두절미(去頭截尾)

벌금 오백 만원정

—「벌금 오백 만원정–자화상」 전문

“이제 우리의 터전, 민족의 성지, 호국의 일번지 진주성 안에서, 지금 바로 우리가 서 있는 이 자리에서 아직껏 청산하지 못한 일제의 잔재를 뿌리 뽑아내기로 했습니다.” 이 기사는 진주성 안 의기사에 봉안되어 있던 김은호가 그린 미인도 ‘논개’ 복사본을 떼어내면서 박노정 시인이 낭독한 고유문 일부다. 박노정은 진주시민단체연대회 공동의장의 자격으로 고유문을 낭독한 것이다. 이 일 때문에 많은 찬사와 함께 비난을 동시에 받은 바 있다. 나는 이 일의 시시비비를 가리고자 하는 의도는 없다. 위의 시는 이때의 심정을 노래한 것이다. 바로 그때의 압축된 자화상이 뭉게 구름의, 투성이 먼지의 천둥벌거숭이 단벌 인생, 거두절미 벌금 오백만 원이다.

어떤 사람은 개인적인 범법 행위로 감옥에도 가고, 벌금도 부가되기도 하지만, 박노정은 의를 위해서 앞장서다가 벌금도 물고 감옥에도 갔다.

박노정을 가둔 감옥이 얼마나 부끄러웠을까. 그는 감옥에 갈 때 얼마나 떳떳했을까.

박노정의 시는 한마디로 ‘사무사’다. 공자가 시경을 한마디로 압축해서 표현한 바로 그 思無邪다. 박노정이 진주시민단체연대회 공동의장 자격으로 김은호의 미인도를 떼어낼 때도 작가 개인에 대한 사사로운 생각을 넘어 민족을 생각했기 때문이었음은 의심의 의지가 없다. 박노정은 사특함이 없는 사람이다. 그의 사람됨이 그렇고, 그의 삶과 등가를 이루는 시가 그렇다.

자화상을 '벌금 오백만원정' 이라고 노래할 수 있는 박노정은 정말 행복한 시인이다. 가진 것 없어도 언제나 당당할 수 있는 사람, 박노정-이런 경지에 도달하기까지 그의 젊은 날의 고뇌는 오죽했을까.

> 때로 스러지는 것이
> 때로 마지막이라는 것이
> 이토록 아름다운 것인 줄 온 몸으로
> 첨으로 알겠네
> 아 이렇게 곱게 저물 수만 있다면
> 마침내 죽음도 서럽지만 않겠네
>
> —「미황사美黃寺에서」 전문

격정을 표출하는 깨달음의 서정시다. 미황사의 노을을 보고 읊은 이 시가 가슴에 강하게 와닿는다. 미황사라는 절과 노을, 그리고 박노정이라는 캐릭터가 묘한 하모니를 불러일으킨다. 강렬한 색채 이미지가 강한 리듬을 타고, 앙불괴천이라는 서정적 캐릭터-우리 시대 진정한 시인의 모습인 박노정을 강하게 투영한다. 죽음조차 아름다울 수 있다는 걸 온몸으로 체득한 박노정!

이런 생생한 깨달음이 있는 박노정은 율법에도 매이지 않고 문자에도 매이지 않는다. 그래서 시인이라는 이름에도 매이지 않는다. 그래서 그는 자유인이다.

박노정의 자유는 어디에서 오는 것일까.

우리도 한때는
'잘 살아 보세' 가 꿈이었지
노래였지 화두였지
그 꿈 이루어서 사람들아 얼마나 허망했니?

신이여
얼씨구절씨구 함부로 노래하지 마라
철들지 않은 세상을 확 뒤엎어라

시인이여 바보가 되라
한 천 년 물 속에 가라앉아
침향沈香이나 돼 보렴

천 년을 내리 숨죽여
천 년을 내리 까마득 잊어버려
그러다가 어느 날 마음과 마음이
어슴푸레 이어지는 때가 있거든
그 때 세상 밖으로 불끈 솟아올라라
한 천 년쯤은 넉넉히 기다려
철들 세상 꿈꾸라

—「천 년쯤은-인간 대 천 년을 바라보며」 전문

진리를 붙잡았기 때문이리라. 그것은 어느 날 화두로 확 찾아올 수도 있었겠지만, 앞에서 말한 젊은 시절 죽음의 밑바닥까지 가는 회의와 우울과 고뇌를 자산으로 하는 끝없는 수양의 결실일 것이다. 그래서 한 천 년 느긋하게 기다리는 광활한 정신의 깊이를 획득했으리라.

'잘 살아 보세' 가 꿈이었던 시절, 그 꿈 이루고 나도 더 허망해진다는 걸, 일찍이 터득하고서, 그는 시인이 되었던 것이다. 그래서 얼씨구절씨구 함부로 노래하지 말라고, 철들지 않은 세상을 확 뒤엎으라고 노래할 수 있게 되었다. 그래서 시인이여 바보가 되라고, 한 천 년 물속에 가라앉아 침향이나 돼보라고 노래할 수 있게 되었다.

법문은 무신 법문, 그게 다 잡소리제
오늘은 입 다물고 있는 기 상수랑께
요로코롬 돌팍에 주저앉아
뜬구름이나 쳐다볼 텐께

—「불회사佛會寺-노스님의 말씀을 좇아」 부분

나는 박노정을 잘 알지 못할 때부터 그냥 호감이 갔다. 그가 무슨 일을 하는지, 잘 몰랐지만 그냥 그가 좋았다. 그런데, 그가 시민운동의 전선에서 있다는 것을 알았을 때도 그냥 그대로 좋았다. 그와 나의 이념이 차이가 나든 나지 않든 그런 것과는 아무 상관없이.

왜 그럴까. 이번에 그의 시를 읽으면서 확실히 알게 되었다. "법문은 무신 법문, 그게 다 잡소리제"라고 말하는 화자 박노정, 돌팍에 주저앉아 뜬구름이나 쳐다보는 그의 눈빛을 보고 알게 되었다.

지금 감히, 박노정을 앙불괴천의 지락을 누리는 시인이라고 말하고 있다. 우리 시대 나를 비롯하여 참으로 시인은 많지만 시인다운 시인이 없는 우리 시대에 천연기념물 같은 가장 정치적이면서 가장 비정치적인 박노정 같은 시인이라도 있으니, 얼마나 위안이 되는가.

부끄러움이 없는 시인이 되고 싶지만, 늘 마음뿐이고 말뿐이다. 허명을 버리고 싶다고 말하면서도 우리의 몸은 허명을 향하여 꾸역꾸역 걸어가고 있다.

언제 미황사에 가서

> 때로 스러지는 것이
> 때로 마지막이라는 것이
> 이토록 아름다운 것인 줄 온 몸으로
>
> —「미황사美黃寺에서」 부분

체득하고 돌아왔으면.(2009년)

김복근의 휴머니즘

김복근 신작시집 첫 머리에 나오는 작품이 아래 작품이다.

> 지나온 험한 삶이 되돌아 보이지만
>
> 내가 가면 길이 된다
> 저 오만한 발걸음
>
> 깃발도 군악도 없이 위풍당당 걸어간다.
>
> —「개미 행렬」 전문

'개미 행렬'은 민초들의 도도한 역사 행렬의 알레고리로 읽는 것이 바른 읽기일 터이다. 개미 행렬로 표상되는 우리 민초들의 힘은 얼마나 대단했던가. 4 · 19 혁명이나 5 · 18 민주항쟁, 6월민주항쟁 등은 그 일례가 될 것이다. 지워도 금방 이어가는 저 도도하고 오만한 발걸음, 깃발도 군악도 없이 스스로 길을 만들어가는 민초들의 행렬이 아닌가.

이 글을 쓰고 있는 지금, 마침 5 · 18 민주화운동 30돌을 맞아 광주 등 전국 곳곳에서 오월 정신을 계승하려는 기념행사가 곳곳에서 풍성하게 열렸다는 기사를 접했다. 17일 저녁 광주시 동구 옛 전남도청 앞 광장에서 가랑비가 오락가락하는 궂은 날씨 속에서도 시민 · 학생 6,000여 명이 참석한 가운데 5 · 18 전야제가 펼쳐졌는바, 참가자들은 동학혁명, 항일운동, 4 · 19혁명, 5 · 18항쟁, 대동세상 등의 역사를 재현해 시민들의 박수를 받았고, 금남로 1~3가에서는 공연패와 시민들이 다섯마당의 거리난장을 펼치며 1980년 5월의 대동세상과 시민공동체를 노래와 춤으로 표현했다고 한다.

권력자들 앞에서는 민초 개인은 개미같이 미약한 존재로 비추어질지 모르지만, 민초들의 마음이 하나의 행렬로 모여들 때 그 도도한 역사의 물줄기를 바꿔 놓고야 마는 것이다.

이렇듯 이 작품은 개인사를 넘어선 민족사를 다루는 것이지만, 이상하게도 김복근의 휴머니티가 뚜렷하게 투영되는 것 같다. 중장에서 "내가 가면 길이 된다"를 김복근 화자의 개인사로 읽어도 충분히 설득력이 있는 것이다. 화자는 개미 행렬을 보면서 그 지난하지만 벅찬 삶, 바로 자신의 여정을 투영한 것이리라.

김복근 창원 유목초 교장은 최근 한국시조시인협회 정기총회에서 부이사장으로 추대됐다. 김 교장은 한국시조문학상, 성파시조문학상 등을 수상했으며 현재 경남문인협회장과 경남문학관이사장을 맡고 있다.

이는 지난해 초 한국교육신문에 난 기사다. 김복근의 약력을 압축하여 보여준다.

김복근 시조시인은 현재 유수의 초등학교 교장이며 유수의 시조단체 부이사장이며 경남문협 수장이며 경남문학관 이사장이다. 어디 그 뿐인가. 『화중련』 주간이며 『노산시조론』, 『생태주의시조론』 등의 저서를 낸 문학박사이기도 하다.

이렇듯 많은 일을 해내며 균형감각을 가지고 다방면에서 정상의 역량을 보여주는 시인이 우리 경남에서 현재 김복근 말고 또 누가 있는가 싶다. 그가 매사에 이성적이고 조용한 가운데 리더십을 발휘하며 물의 없이 각양의 직분을 감당해내는 것을 곁에서 지켜보노라면, 참으로 존경심이 절로 우러나지 않을 수 없다. 그는 보기 드물게 시인으로서는 지정의가 고루 발달한 전인적 풍모를 보여주는 것이다. 그런 그가 이번에 펴낸 시집 『는개, 몸속을 지나가다』에서 그의 인간적 면모를 확인해보는 것은 큰 즐거움이 아닐 수 없다.

이번 시집에서 그가 시적으로나 학문적으로 관심을 갖는 생태주의 문학관을 두드러지게 보여주는 「는개, 몸속을 지나가」나 연작시 「태안반도」 같은 작품들이 주목의 대상이지만, 이순을 갓 넘긴 시인이 보여주는 그의 내밀한 휴머니즘에 매혹될 수밖에 없다.

가슴에
눈물 고여도
얼굴에는
웃음 있다

이순을 살다 보면
낮빛을
가릴 줄
안다

열어둔
달빛 사이로
마음을
숨길 줄
안다

—「귀를 닦으며」 전문

김복근 회장이 1950년생이니 이제 이순을 넘겼다. 겉으로 보기에 늘 한결같은 항심을 보여주는 것 같아도 그도 인간이기에 그의 내면에는 일상인들과 꼭 같은 말 못할 시련과 고통이 어찌 없겠는가. 이순을 사는 화자의 가슴에 눈물 고여도 얼굴에는 웃음을 머금을 만큼 낮빛을 가릴 줄 안다고 고백하고 있다. 그의 마음을, 열어둔 달빛 사이에다 숨길 줄 안다는 것이다. 인간 김복근의 전인적

매력을 곁에서 지켜보아 잘 알고 있기 때문에 그의 이번 시집에 드러나는 생태사회적 인식으로 드러나는 담론은 차치하고, 겉으로 드러나는 아름다운 달빛 사이 그 그늘에 살짝 숨긴 그의 내밀한 휴머니티에 매혹되고 싶은 것이다.

네 연한 살을 입 안에 넣으며 나는 즐거워한다

술 마시는 자리라 굳이 말하지 않았지만
오늘 밤 나의 안주는 너가 남긴 주검이다

너의 전생을 곱씹으며 나의 삶을 돌아본다
나의 살을 저며내어 누구의 먹이가 된다면

도마 위 저 빛나는 칼날, 나를 노려보고 있다

—「샤브샤브」 전문

'나' 가 객체가 될 수 있다는 사실을 환기한다. '나' 도 타자일 수 있다는 생각을 우리는 잘 하지 못한다. 인간중심주의란 것도 그렇잖은가. 인간 '나' 가 중심이라는 고정된 관념 속에서 행동한다면 반성적 사유는 있을 수 없다.

'나' 가 아닌 '너' 를 주목하는 것, 이순을 넘긴 김복근의 화자에게 두드러지는 현상이다.

그것도 술자리라 다소 이성이 마비될 수 있는 상태에서 보이는 타자에 대한 인식-연한 고기살인 샤브샤브를 먹으면서 안주가 되는 너의 주검을 떠올리며 '나'의 삶을 돌아본다. 그러면서 나의 살을 저며내어 누구의 먹이가 똑같이 될 수 있다는 사실을 환기한다. 도마 위 저 빛나는 칼날은 너만을 위한 것이 아니라 바로 나를 위해 빛나고 있을 수도 있다는 것.

앞만 향해 질주했을 것 같은 화자가 문득, 타자를 돌아보며 자아를 응시하는 모습에서 그의 융숭한 휴머니티가 빚어지는 것 아니겠나.

> 심장마비로 떠난 친구 부음을 전해 오는
> 아내의 목소리가 촉촉하게 젖어 있다
> 질긴 연 되돌아보며 먼 하늘 바라보다
> 안타까운 마음으로 애도를 하려는데
> 태진아는 배호의 안녕을 불러대고
> 슬퍼할 겨를도 없이 술잔이 돌아온다
> 퓨즈가 나가 버린 저 힘겨운 삶의 무게
> 너덜정 칡꽃마냥 에둘러 돌아가는 길
> 바쁘다 핑계를 하며 조문을 미루고 있다
>
> —「핑계」 전문

삶의 한복판에서 분주하게 살아온 화자에게 날아든 심장마비로 떠난 친구의 부음, 이승과 저승의 선명한 경계가 드러난다. 친구의 부음을 생각하며 안타까운 마음으로 애도를 하려는데, 그 마음 아는 듯 '배호의 안녕'을 불러대고, 그런 가운데서도 슬퍼할 겨를도 없이 술잔이 돌아온다.

고단한 생은 언젠가는 퓨즈가 나가 버리듯이 캄캄한 밤의 시간이 오게 마련이다. 낮과 같은 생이 영원히 지속될 수 없다는 것을 화자는, 친구의 부음을 듣고 새삼 인식하며 술잔을 들이키지 않았을까. 바쁘다는 핑계를 대지만 미룬 조문을 곧 해야 하듯이, 바쁜 일상을 잠시 벗어나야 한다. 이번 시집은 그 생의 행간에서 빚어진 것이 아닐까. 그는 지금 생의 한 정점에 도달하여 생을 곱씹으며 반추하기를 머뭇거리지 않는다.

비 오는 가을 저녁
네 곁으로 가고 싶다
누각을 굽이도는 다갈색 설움으로
산 안에 들어앉은 산
똬리를 틀고 앉아 있다
내가 할 수 있는 마지막 의지인 양
어둠을 우려내며 빠르게 오는 시간
아직은 걸어야 한다
저 무거운 삶의 질량

—「야간 산행」 전문

그것은 '야간 산행'으로도 나타난다. 비 오는 가을 저녁은 사유하기도 좋다. 이 시각 화자는 야간 산행을 한다. 술자리가 흥건히

펼쳐지는 세속적 삶의 한가운데에서 빠져나와 행하는 야간 산행, 그것도 누각을 굽이도는 다갈색 설움으로 산 안에 들어앉은 산이 똬리를 틀고 있는 곳으로 향하는 산행이다. 화자가 할 수 있는 마지막 의지인 것처럼 오르는 야간 산행, 어둠을 우려내며 시간은 빠르게 달려온다. 그런 가운데 화자는 아직은 걸어야 한다. 저 무거운 삶의 질량을 지고서.

화룡점정!

용을 그리고 난 다음에 마지막으로 눈동자를 그려 넣으니 그림 속의 용이 실제 용이 되어 홀연히 구름을 타고 하늘로 날아 올라갔다는 고사처럼, 김복근에게 화룡점정이 남아 있는 듯하다. 그게 빠른 시간 속에서도 마지막 의지를 불태워서 마지막으로 찍어야 할 눈동자는 그에게 무엇일까.

교사로서 출발하여 이미 수장인 교장에 올랐고, 그런 바쁜 일정 속에서도 박사학위를 취득했고, 경남문협 회장에다 『화중련』 편집 주간까지 하고 있는 김복근!

손발이 다 닳도록 고생하심을 실감한다
아파트 출입문에 지문 열쇠 달렸는데
어머니 엄지손가락 문을 열지 못한다
아들 딸 젊은이는 쉽사리 열리는데
어머니 닮아 가는 아내의 지문까지
제대로 알지 못하는 새 아파트의 자동문
목메인 여든 세월 바지런한 성정으로

지워져서는 안 될 지문이 지워져도
'내 삶은 지울 수 없니라' 종요로이 웃으신다

—「지문 열쇠」 전문

생은 손발의 지문이 다 닳아 없어지듯, 그렇게 소멸되는 것인가. 그래서 종국에는 쓸쓸히 퇴장하는 것인가. 이 작품은 어머님의 언명 형식으로 '결코 그렇지 않다' 고 강력하게 환기한다. 생은 결코 허무하게 끝나는 비극적 결말이 아니라는 것이다. 앞에서 말한 화룡점정이라는 게 마지막 한 순간 눈동자를 그리는 것으로 완성하는 것이 아니라, 일평생 걸쳐 화자의 어머니처럼 한결같이 살아내는 것이라고, 웅변하는 듯하다.

손발이 다 닳도록 고생하신 어머니 지문이 사라져버려서, 아파트 출입문 지문 열쇠가 읽어내지를 못한다. 아들, 딸은 잘도 여는데, 지문이 없는 어머니는 열지 못하는 것이다. 아내도 어머니를 점점 닮아간다. 그런데도 평생을 헌신하신 그 어머니의 말씀이 바로 '내 삶은 지울 수 없니라' 다. 그 종요로운 말씀!

이 작품집의 변죽일지도 모를, 김복근의 매사에 성실하고 따스한 휴머니티만 주목하여 읽었다. 따라서 김복근 시집의 변죽만 울린 꼴이다. 그렇더라도 김복근의 내밀한 휴머니티야 말로 앞으로 그의 시의 척도가 될 것이라는 믿음을 가져본다. 처음에는 미미하였으나, 개미의 행렬처럼 점점 선명해지는 그의 삶, 곧 그의 휴머니즘은 지문이 사라져갈수록 어머님의 삶의 향기가 짙어지는 것 같은 인간 김복근의 매혹으로 크게 장식되리라 믿는다.

이순을 이제 넘긴 김복근 시인은 이번 작품집에서 언뜻언뜻 생의 쓸쓸함이나 허무함이 묻어나는 언술이 없지 않으나, 그가 보여준 휴머니즘은, 시간이 지날수록 더욱 큰 자취로 남을 것이고, 그게 곧 그의 작품의 아우라로 크게 자리하게 될 것이라고 재삼 강조해두는 바다.(2010년)

김연동의 메타포와 알레고리

김연동의 신작시를 읽는 첫 느낌은 시대의식이 투영되어 있다는 점이다. 어느 시대의 시인이든지 시대의식과 무관할 수 있으랴만 김연동의 경우는 저 20년대 백조파나 카프파의 그것과 다르고, 70, 80년대의 민중시인들이나 근자의 생태시인들의 그것과도 다르다. 한때는 시대의식을 대변하는 것이 현실을 전면에 내세워야 하는 줄로 생각하던 시절도 있었다. 그래서 목소리에 날만 세우면 시가 되는 줄로 알던 시절도 있었던 것이다. 그러나 이런 유의 시들은 대부분 미적 거리를 확보하지 못하고 감정의 발산이나 신념의 토로로 그치는 경우가 많았던 것이다.

이번 신작시는 시대의 우울을 강하게 투영하고 있으면서도 매우 정제되어 있다. 이는 오늘의 우리 시가 많이 결여하고 있는 서정적 미덕을 견지하고 있으면서도 지적 성찰 또한 부가하고 있다는 점을 전제로 한 명제다.

최근 들어 시가 지나치게 산문화되고 요설화되고 때로 난삽해지면서 시라는 정체성의 혼돈을 가져오고 있다는 반성이 없지 않다. 우리 시대에 과연 시의 본질은 무엇인가라는 물음을 되묻게 하고 있는 것이다. 그것은 현대시가 다양한 지평을 열어가면서 끊임없이 진화하는 가운데 과도한 전위성을 추구해온 때문이 아닌가 한다. 그런 와중에 지금 우리는 시의 아나키즘, 곧 시의 무정부주의 시대를 맞이한 것이 아닌가. 이런 정황에서 김연동의 시조가 이 시대의 우울과 실존의식을 메타포적 서정과 지성적 알레고리로써 현실의 서정화 혹은 서정의 현실화로 구축해내면서, 시조가 오늘의 시를 견인할 수 있음을 시사하는 듯하다.

김연동의 신작시는 시대의 우울을 강하게 투영하면서도, 개인사적 결핍에서 오는 내면적 콤플렉스의 서정적 발산으로 귀결되지 않는 점은 미덕이 아닐 수 없다. 신작시에서 보이는 우울은 사적 우울을 포괄하는 시대사적 우울로써 정서적 울림을 확장하고 있다. 이것을 좀더 거창하게 말하면 우국적(憂國的) 우울이라고 해도 좋다. 이번 신작시는 메타포적 서정만이 아니라 지성적 알레고리가 도입됨으로써 오늘의 시대상황에 대응한 서정적 자아, 실존적 자아, 지적 자아의 다양한 면모를 보이는 다성적 퍼소나를 구축하고 있는 것이다.

임종을 베고 누워 가쁜 숨을 몰아쉬듯
산기슭 밤을 밝힌 벌목의 환한 불길
뿌리 채 상한 고목들 붉은 손에 무너지네

수령보다 깊은 밤을 뒤척이는 베갯머리
접힌 저 하늘 너머 밀실로 가는 길엔
검은 색 리본을 달고 무도회를 준비하네

—「지금 지상은」 전문

오늘의 시대의식을 투영하는 작품이다. 제1수에서는 산기슭 밤을 밝힌 벌목의 환한 불길이 임종을 베고 누워 가쁜 숨을 몰아쉬듯 하는 절박한 정황으로 비유된다. 산의 나무들이 화마로 목숨을 잃는 장면이 구체화되어 있다. 제1수를 불붙은 산의 이미저리라고 한다면 이것이 단순한 산불이라는 지시적 의미로 그치는 것이 아니다. 제목 '지금 지상은'과 연계시키면 오늘의 현실이 불붙은 산의 이미저리에 투영되는 것이다. 그런데 여기서 주목해야 할 것은 화자의 위치다. 화자는 지금 수령보다 깊은 밤을 뒤척이는 베갯머리에서 시대의 우울을 온몸으로 감당하며 불면의 밤을 뒤척이고 있다. 다시 말해 화자가 잠 못 이루고 있는 것은 시대고(時代苦)에 기인한 것이다. 화자는 시대적 우울을 온몸으로 아파한다.

갯버들 가지 끝에 새움 트는 녹슨 이념
은빛 작살 꼬나들고 바람을 몰고 온다.
공허한 거품이 일어
헛말들만 흩날린다

참붕어 몸을 숨긴 늙은 갈대사이

길 뜨는 쇠기러기 한점 눈물 떨어진 강
그 누구 흰 손 들어
물길 다시 색칠할까

—「겨울강 삽화」 전문

앞의 '지금 지상은'의 이미저리는 「겨울강 삽화」 제1수와 같은 맥락이다. 시대의식이 '지금 지상은'에서 불붙은 산의 이미저리를 통하여 드러났다면 여기서는 갯버들 가지 끝에 트는 녹슨 이념, 곧 이데올로기의 바람으로 일어나는 공허한 거품과 헛말들로 형상화된다. 상호텍스트성으로 읽으면 '붉은 산'은 우리시대의 이데올로기의 불길이 아닌가. '붉은 불'과 '이념'의 상동적 이미저리다.

「겨울강 삽화」에서 강은 공허한 거품과 헛말들로 오염되어 나타난다. 그것은 '녹슨 이념' 탓이다. 강의 오염 탓에 참붕어 몸을 숨긴 늙은 갈대 사이에 길 뜨는 쇠기러기는 한 점 눈물을 떨어뜨리며 떠나가고 있는 것이다. 물론 여기서 '쇠기러기'는 정서의 등가물이다. 따라서 쇠기러기의 눈물은 곧 화자의 눈물이라고 보아도 좋다. 나아가 화자는 "그 누구 흰 손을 들어/물길 다시 색칠할까"라고 탄식하면서 시대의 우울을 더욱 강하게 드러내는데, 이 대목에서 '흰 손' 이미지는 녹슨 이념에 오염되지 않는 순결성의 염원, 곧 우리 시대의 정치적 알레고리를 강하게 풍기는 것이다.

「지금 지상은」에서는 '산', 「겨울강 삽화」에서는 '강'을 제시하고 있는데, 산은 불붙었고 강은 오염되었다. 이것이 김연동의 시대의식의 표출이다. 오늘 우리 시대의 산하는 이데올로기의 쟁투장이 되고 있지 않은가. 이 글을 쓰는 지금 광화문의 밤하늘을 밝히는 촛불들은 민주의 횃불인가, 아니면 포퓰리즘의 붉은 선혈인가. 김연동은 혼돈의 시대, 가치의 아나키즘 시대를 응시하면서, 「지금 지상은」에서는 베갯머리를 뒤척이는 것으로 「겨울강」 쇠기러기의 눈물로 시대의 우울을 강하게 투영한 것이다.

날선 들풀 위를 죽비 들고 건너가는
잃어버린 시간 속의 물총새 한 마리가
유년의 꽃신을 신고
벼랑 끝을 찾아 왔네

고단한 이 물길을 거슬러 가다보면
수초 끝에 휘어지는 초록의 울음소리
추억이 자맥질하는
계절 다시 피어날까

—「꽃신」 전문

이 작품은 시대의 우울에 처한 화자의 실존적 위치를 더욱 실감나게 제시하고 있다. '잃어버린 물총새'가 환기하는 유년의 추억과 화자의 실존적 현실을 직시하는 '벼랑 끝'의 선명한 대조는 의미긴장을 유발한다. '물총새'와 '꽃신'의 이미저리는 화자의 잃어버린 평화로운 유년을 투영하고 있지만, 어른이 되어 화자가 처한 시대적 우울은 벼랑 끝이라는 실존적 현실에 놓이게 했다. 시대의 우울에 빠진 이 즈음에 유년의 꽃신을 신은 물총새가 찾아옴으로써 화자는 잠시 정신을 차려보는 것인가. 화자는 벼랑 끝의 고단한 이 물길을 거슬러 가다보면 유년의 파라다이스 공간 속의 추억이 자맥질하는 계절이 다시 피어날까라고 자문해 보게 된다.

과연, 우리 시대의 우울은 치유될 수 있는 것인가?

시대사적 우울로 매우 심각한 고민에 빠진 실존적 자아는 개인적 콤플렉스의 사적 발로로서의 서정적 자아로 그치는 것이 아니라 소위, 우국충정의 공적 자아 혹은 지적 자아의 면모를 드러내면서 다성적 퍼소나의 형상을 띠게 되는 것이다.

정결한 해안선을 넘나드는 고깃배가
치근대는 아이처럼 머리맡을 뒤척이고
새소리 날 선 바람이
눈에 밟혀 오느니

은빛 파도보다 차가운 시간 위에
눈감으면 젖어드는 그리움 한 조각을
저무는 응달에 앉아
볼에 대고 문지른다

결빙의 시간 위로 혹한이 몰려 와서
금이 가는 이 지상 내 빚은 섬 하나를
오늘은 포도에 앉아

덧칠만 하고 있네

—「섬」 전문

이 작품에서 화자의 실존적 위치는 결빙의 시간 위로 혹한이 몰려와서 금이 가는 이 지상에서 빚은 '섬'이라는 이미저리다. 「꽃신」에서 '벼랑 끝'이 절박함을 드러낸다면, '섬'에서는 고립을 드러낸다. 그래서 '섬'이 환기하는 것은 '그리움'이라는 정서다. 이 그리움은 저무는 응달에 앉아 볼에 대고 문지르는 것으로 표출되면서 처연함마저 지닌다. 게다가 화자는 오늘 도시의 포도에 앉아서 섬을 덧칠한다. 화자의 실존적 정황은 벼랑 끝의 절실함에서 고독이 덧칠됨으로써 그 심각성이 더하면서 보다 새로운 세계에 대한 지향의식을 뚜렷이 하는 동인이 된다.

김연동의 이번 신작시는 시대의 우울 속에서 유발되는 실존적 인식이 처연하다. 여기서 드러나는 실존적 자아는 서정적 인식틀과 함께, 시대를 우려하는 지성적 성찰을 표상하면서 다성적 페르소나의 형상을 보이고 있다. 이를 거듭 강조해두는 것은 다성적 페르소나의 구축이야말로 이번 신작시의 가장 중요한 성과로 보이기 때문이다. 그렇다면 이번 신작시는 시대를 우려하며 시대와 불화하는 지식인의 한 면모까지도 투영하고 있는 셈이다.

시린 시월의 깃발 누굴 위해 올렸더냐

뒷산 뻐꾸기가 석삼년을 더 울어도

징용 간 애비 자식들

팔다리만 공출되고

병들어 죄어드는 목숨의 갈림길엔
푸르던 그날의 꿈도 낡은 벽보 같고
간병인 지친 얼굴이
외려 죄가 되던 시절

그 무렵 헌옷 걸치고 찬바람 맞는 지금
화면 속 저 난장판 끝없는 정변이네
촛불로 태우고 싶은
삭은 내 사월 하늘

잔인한 계절 속의 물보다 진한 피를
눈부신 휘장으로도 가릴 수는 없다지만
어둠의 팔부능선에
하얀 목련 피고 있다.

—「甲申年 實錄—수난 4월」 전문

앞의 작품들과는 달리 「甲申年 實錄-수난 4월」은 오늘의 시대를 '갑신년' 이라는 역사의 현장을 끌어들여서 알레고리화하고 있다. 고종 21년 혁신파인 개화당이 왕조의 내정을 개혁하기 위하여 일으킨 정치적 변란으로 일컬어지는 갑신정변 당시는 임오군란을 계기로 청나라와 일본이 날카롭게 대립되면서 조선의 정계도 두

갈래로 갈라져 심하게 대립하는 국면이었다. 오늘의 갑신년도 그 때의 모습과 다를 바가 없다는 것이 화자의 인식이 아닌가.

외세에 의존하여 내정개혁을 이루려고 했던 개화당의 갑신정변은 대중의 기반과 지지를 얻지 못하였다는 점과 소수의 선각자에 의하여 일어난 위로부터의 개혁이라는 점 등 때문에 실패하고 결과적으로는 일본의 무력개입을 초래하게 되었다. 그래서 결국은 일제에 나라를 빼앗기고 애비 자식들 팔다리를 공출하기에 이르렀던 것이 아닌가. 갑신년 오늘에 다시 화면 속에 펼쳐지는 저 난장판 끝없는 정변을 바라보는 화자의 심경이 어떠하겠는가. 그것은 "촛불로 태우고 싶은/삭은 내 사월 하늘"에서 응축적으로 묘사되고 있지 않은가. 여기서 왜 4월의 하늘인가. 4월 19일을 전후하여 학생들을 중심으로 이에 동조한 시민들이 연합하여 일어난 민주주의혁명이 떠오르지 않는가. 그런데 화자의 의식 속에 떠오른 그 사월의 하늘은 삭았다고 인식한다. 그래서 촛불로 태우고 싶은 것이다.

화자는 오늘의 시대를 어둠의 팔부능선쯤에 다다른 것으로 파악한다. 그런데 여기서 또 주목해야 할 것은 '하얀 목련' 이다. '하얀 목련' 은 어둠의 팔부능선에서 피고 있다고 노래하지 않는가. 저 난장판 끝없는 정변에서도 하얀 목련은 피고 있기 때문에 시대의 우울이 곧 절망의 나락으로 귀결되는 것은 아님을 강력하게 암시한다. 이번 신작시에서 간간이 드러난 새 시대에 대한 강한 지향 의식이 '하얀 목련' 에서 초점화되고 있는 셈이다.

「지금 지상은」의 불붙은 산의 이미저리와 「겨울 삽화」의 녹슨 이념의 이미저리로 표상된 시대의 우울배경으로, 「꽃신」의 '벼랑 끝' 「섬」의 '섬' 이미저리로 표상된 실존적 자아의 절박함과 고립의 정서적 반응은 시인 김연동의 시대의식을 극명하게 보여주는 것이었다. 이것들이 알레고리로 보다 구체화된 것은 「甲申年 實錄-수난 4월」에서다. 이 작품에서는 갑신년 정변이라는 미완의 혁명이 오늘의 현실과 오버랩되면서 김연동의 시대 우울이 어디에서 기인한 것인지를 선명하게 보여준다. 이 같은 절박한 시대의식 속에서도 '하얀 목련' 이미지를 드러냄으로써 비탄의 페시미즘에 함몰되지 않은 점은 김연동의 정서적 건강성을 보여주는 것이다.

> 살 닿으면 피 흐르는 매운바람 속이라도
>
> 갖은 양념으로 향기로운 맛을 내어
>
> 노동의 식탁을 여는 뼈대 하얀 요리사
>
> —「식탁—爲政」 전문

이 작품은 당위적 알레고리다. 위정자가 어떠해야 함을 교훈하는 것이다. 살 닿으면 피 흐르는 매운 바람 속이라도 갖은 양념으로 향기로운 맛을 내어 노동의 식탁을 여는 뼈대 하얀 요리사는 위정자의 바른 자세를 강력하게 함의한다. 정략적으로 움직이는 정치권이 우선적으로 민생을 돌보아야 한다는 점, 나아가 이 시대의 우울의 궁극적인 책임을 진 위정자들이 각성해야 함을 알레고리

수법으로 일깨우고자 한 것이다.

김연동은 이번 신작시에서 현실과 서정이 분리되거나 어느 한쪽이 소외되어 있지 않도록 시대의 우울에 대응한 서정적 메타포와 지성적 알레고리를 시조라는 양식적 틀 속에서 적절하게 구사함으로써 효과를 거두고 있다. 이는 결과적으로 오늘의 시대를 위태롭게 바라보고 고민하고 걱정하는 실존적 자아의 서정적 고뇌의 일단이 지적 자아의 모습으로 투영되면서 다성적 캐릭터를 구축한 데까지 이르도록 한 것이다.(2004년)

이달균의 오래된 문자향

이달균 시인은 시조시인으로도 널리 알려져 있지만, 실상 그는 1987년 『지평』과 시집 『남해행』으로 자유 시인으로 문단 활동을 했다. 시조집을 제외하고는 이번 시집 『문자의 파편』은 첫 시집 『남해행』 이후 두 번째 시집이다. 1987년 이후의 신작시집이니, 24년 만이다.

폐일언하고 이달균은 타고난 시인이다. 그의 시집에는 文字香이 난다. 24년간 묻혔으니 그 향 또한 매우 진하다. 정이경 시인은 친구 이달균을 두고 "여러 동인 중에서도 유독 동안의 외모와 함께 미성을 가진, 이달균 시인의 말솜씨는 놀라웠다. 이런 연유로 그는 어느 자리에서건 지금도 유능한 사회자로서도 손색이 없는 걸까?" 라고 말한다. 어느 자리에서나 좌중을 장악하는 그의 박학다식함과 아울러 유려한 말솜씨는 타고난 재능만으로 빚어진 건 아니다. 그의 '폭넓은 독서' 를 빼놓고 말할 수는 없으리라. 書卷氣 文字香이라는 말이 있지 않은가. 몸에서 책의 기운이 풍기고 문자의 향기가 나는 것은 책을 많이 읽었기 때문이다. 추사 김정희가 "가슴속에 만 권의 책이 들어 있어야 그것이 흘러 넘쳐서 그림과 글씨가 된다"고 말한 것도 이달균에게 해당된다.

생에 대해 묻지 마라
네가 본 책 속에
영화 속에

혼자 기울인 술잔 속에
다 있으니

—「인생」 전문

문덕수 선생이 통영 청마문학상 시상식 차 오셔서는 이달균 시집 『문자의 파편』에 대해 촌평을 하기를, "젊은 시인이 벌써 존재의 심층에 닿아 있어!" 나는 그 말을 듣고는, "예 그렇죠. 아마, 이 시인의 폭넓은 독서력 때문일 겁니다."라고 말한 기억이 난다.

생이 뭐냐고 굳이 누구에게 물을 것 있냐고, "네가 본 책 속에" 있다고.

그때마다 나는 추산동 헌책방에서
징병 갔다 어찌어찌 해서 '우라지미루'란
소련 이름을 얻은 남자의 야한 소설과
프랑스에 유학 온 영국 소녀의

레즈비언 일기를 읽고 있었다

—「아버지에 관한 구체적인 기억」 부분

이 시는 이달균의 학창시절 독서 이력을 잘 보여준다. 마산 추산동 헌책방에서 책 읽는 학창시절의 이달균의 모습을 투영한다. “준모야, 오늘도 집에 없구나”로 시작되는 이 시는 그의 자취방으로 찾아온 아버지가 빈집 부엌에 굴비 한 두름과 미풍 한 봉지를 아들을 위해 두고 간 기억 속에는, 벌써 독서에 눈 떠서 집을 비우면서 헌 책방을 들락거리는 학창시절 이달균의 캐릭터를 능히 짐작해 볼 수 있다.

타고난 시적 재기와 독서로 단련한 그의 시심이 빚어낸 텍스트들에서 어찌 문자향이 나지 않겠는가.

눈 위에 떨어진
동백꽃 한 잎
새벽 정사 끝내고
황급히 돌아가다 볼일 보는 여인처럼

입술
붉다

—「동백꽃」 전문

이달균의 로맨티시즘이 묻어나는 작품이다. 이달균은 로맨틱한 시인이다. 그의 로맨티시즘은 시에만 국한 되는 것은 아니다. 이달균을 천생 시인이라고 한다면 그의 로맨티시즘에 근거한다고 해도 좋다. 그가 쓰는 산문도 그렇거니와 음악, 미술, 사진 등에 대한 식견은 전문가적 수준이다. 게다가 역사적 통찰력까지 그의 전방위적 식견은 차가운 지식으로 끝나는 것이 아니라 로맨티시즘을 포괄하고 있어, 그의 삶과 예술은 언제나 윤기가 난다.

나는 가끔 이달균을 종합예술가라고 생각을 한다. 그의 로맨티시즘을 기반으로 한 매혹적인 상상력으로 음악, 그림, 사진, 역사로 뻗치는 활달한 담론은 그의 시에서는 더더욱 절정을 이룬다.

누가 바쁘게 계단을 올라가고, 또 누가 땅 밑으로 내려간다 시궁쥐들이 속삭이고, 그들 위로 콩콩콩 세월이 뛰어가고, 버스가, 공룡이, 가을 속으로 겨울이 달려들고, 금빛 메타스퀘어 잎새 위로 얇게 햇살 가루가 바스러지고……

나는 방금 살해되었다
죽으며 듣는 생의 소리

—「현악 4중주」 전문

현악 4중주를 듣는 화자의 모습, 아니 이달균의 모습이 연상된다. 자신은 방금 살해되었다고 끔찍한 표현은 쓰지만, 그만큼 객관적으로 생의 소리를 듣는다는 거다. 앞의 「인생」에서 드러나듯이, 책 속, 영화 속, 음악 속, 그림 속에서 듣는 생의 소리, 의미를 골몰하는 진지한 캐릭터가 보이지 않는가. 그러나 그는 사실적으로 그리지 않는다. 상징적으로, 은유적으로, 환유적으로 그려내는 그가 파악한 생의 소리는 중층적 이미지로 흐른다.

왜 자화상을 많이 그렸냐고?
모델 살 돈이 없었거든

비 맞은 염소 같은 얼굴은
비 오는 날에 그린 것이고

졸린 듯한 그림은
모처럼 가쉐 박사 집에서
배불리 먹은 오후에 그린 것이야

—「고흐의 말」 전문

이달균은 화가들을 좋아하지만 특히, 고흐를 좋아하는 것 같다. 고흐(1853~1890)는 서양 미술사상 가장 위대한 화가 중 하나로 그의 연보에 의하면 작품 전부는 정신질환(조울증으로 추측)을 앓고 자살을 감행하기 전의 단지 10년 동안에 모두 창작한 것이라고 한다. 주지하다시피 고흐는 생전에는 거의 성공을 거두지 못했지만, 사후 명성을 얻은 화가.

이 시에도 고흐의 가난, 슬픔 등이 배어나온다. 고흐는 어찌 보면, 모든 예술가들, 시인들의 꿈이 아니겠는가. 오늘 나를 알아주지 않는 세상을 원망하면서도 고흐가 그랬듯이 사후에라도 나를 세상은 알아줄 거라고 버티며, 시를 쓰고 있지 않는가.

그래서 고흐는 위안이다. 고흐는 꿈이다.

지역에서 시를 쓰는 대부분의 시인들이 그렇듯이, 이달균도 오랜 무명 시절을 거쳤다.

내 가만히 있는 동안
그들은 몇 권의 시집을 내었고
얼마간의 문명을 얻기도 했다.

내 일찍이 건방지게 도통하여
아니 촌티 물씬하게 겸손하여
몇 채 구름의 집을 지으며 떠돌았다.

부질없다고
흡사 끝 간 데를 다 가 본 사람처럼.

—「구름의 집」 전문

이달균은 20대 문청 시절부터 그의 시재는 마산을 중심으로 한 지역시단에서는 환히 드러나고 있었다. 문청시절 벌써, 서울의 유수의 잡지사에서 시집을 내 주겠다고 한 적도 있었지만 "일찍이 건방지게 도통하여" 거절했다. 모든 게 "부질없다고/흡사 끝 간 데를 가 본 사람처럼."

그러나 이달균은 경향간의 유수의 문학상을 수상했으며, 경남지역에서 나왔던 계간 『시와 생명』 편집인을 맡아 지역시 운동의 중심으로 자리매김되기도 한다. 고흐에 비하면 이달균은 빨리 문명을 얻은 셈이다.(2011년)

페미니스트 장정임

1. 시와 삶이 한 몸이 되는 실천적 페미니스트

장정임 시인, 그녀가 "시는 내게 해방이었고 위로였으며 무기였다. 아무것도 가진 것 없는 여자가 시를 만나 역사를 만나고 여성을 만났으며 배반과 가난을 견디는 힘을 얻었다"고 시집 『마녀처럼』의 '시인의 말'에서 밝히고 있듯이, 그녀에게 시는 여성으로서의 삶과 역사 그 자체였던 것이다. 그녀가 85년에 "차례차례 켜켜로/세뇌의 생소금 뿌리네/욕망도 희망도 모두 절여서/가부장제 끄떡 없는 바위로 눌러/음지에 묵혀두는 그 추운 나날"로 시작하는 「굴비」 같은 시를 썼을 만큼, 이 땅에서는 비교적 일찍이 여성문제를 시의 테마로 다루었지만 본격적으로 시단에 얼굴을 내민 것은 1988년 『여성운동과 문학1』을 통해서다.

90년대는 80년대와 달리 탈이데올로기, 탈중심의 시대로 지칭된다. 90년대 들어오면서 동구사회의 몰락과 소비에트 공산주의의 붕괴 같은 세계사적 변화와 아울러 독재적 군사정권의 종식으로 인한 정치사회 현실의 현격한 변화와 함께 도래한 탈이데올리기, 탈중심적 기류는 기존의 남성중심주의에 대한 새로운 인식을 가져오게 하였다. 그동안 주변부에 머물렀던 여성시인들이 90년대를 전후하여 여성문제를 이슈로 하여 시단의 주류로 부상하면서 페미니즘적 시각에서 '여성문제'가 한층 세인의 관심을 끌었던 것이다. 이와 관련하여 2001년 김승희가 펴낸, 국내외 여성시인들의 대표적인 페미니즘 시를 골라 싣고 이에 대해 평론한 『남자들은 모른다』라는 책에서, 인상적인 것이 여성시인들이 몸으로 보여준 비극적인 운명이다. 이 책에 소개된 많은 여성시인들이 자살로 생을 마감하거나 사고사로 유명을 달리하거나 아니면 정신과 치료를 받으면서 힘겹게 견디고 있다는 사실이다. 이는 여성시인들이 남성중심주의라는 현실의 벽에서 신음하고 때로는 좌초하고 있음을 밝히는 것이다.

그러나 장정임을 떠올리면, 대모(大母), 혹은 여신의 이미저리로 다가올 만큼 그녀는 언제나 당당하다. 그녀는 1989년 교직 14년째에 전교조 가입으로 김해여고에서 해직된 이후, 경남여성회장, 경남성가족상담소이사장, 정신대문제를 위한 경남시민연대상임대표, WIA(일 여성 예술) 대표를 역임하고 현재 페미니스트 문학동인 살류주 편집주간, 김해여성복지회관 관장을 맡고 있다.

이런 관점에서 80년대 후반부터 한결같이 역사의 현장에서 여성주의자로서 행동하며 써온 시를 묶은 시집 『마녀처럼』은 그녀의 말대로 "80, 90년대 일하는 여성의 시로 기록된 역사"로서, 가부장적 남성주의 벽을 넘는 행동하는 여성주의 시의 생생한 현장으로서 눈 여겨 볼 만하다.

누가 너를 꽃이라 부를까
농염도 은밀도 없이
성큼 담장을 올라서는 깨박이 얼굴

네 뜨거움을 감당할 아무도 없다
네 씩씩한 육체 홀로
노란 불갈퀴의 순수
태양을 마주 선 담담한 얼굴

착하고 아름다운 꽃들
고요하게 모가지를 잘린 채
소리 없이 안겨 숨질 때

다발 다발 묶일 수 없던
소박데기 내 어머니처럼
너는 꽃의 숙명을 넘어
내숭한 유혹도 향기도 떨쳐버린
자존으로 당당하다

나아가 먼저 사랑하고

홀로 가득 열매 맺어
뜰 앞에 온갖 새 부르던
가장 나중엔 가장 꽃다운 꽃

슬퍼하지 않는 네가 좋다.

—「해바라기」 전문

장정임은 '해바라기' 이미저리에 '여성성'을 투영하면서 그녀의 시와 삶의 분명한 방향을 제시한다. 물론, 그녀의 '여성성'은 가부장제가 요구하는 '여성성'이 아니다. '해바라기꽃'은 착하고 아름다운 꽃이 아니다. 농염도 은밀도 없이 성큼 담장을 올라서는 깨박이 얼굴이다. 담장은 가부장제 아래 여성을 억압하는 타율적인 제도나 규율을 암시하지 않는가. 해바라기는 담장을 올라서서 담장 밖의 세상을 환히 바라보고 또한, 씩씩한 육체로 노란 불갈퀴의 순수 태양을 마주 선 당당한 얼굴이다. 해바라기는 능동적인 꽃이다. 먼저 사랑하고 홀로 가득 열매를 맺어 뜰 앞에 온갖 새를 부르던 가장 나중엔 가장 꽃다운 꽃이 바로 해바라기꽃이다.

여성이 해바라기처럼 담장을 올라서고 '태양'이라는 순수 이상을 꿈꾸면 가부장의 세상은 그녀를 마녀라고 지칭하고 사냥을 시작한다. 유럽의 중세 말부터 근대 초에 대다수 민중들의 불만과 저항을 잠재우기 위해 마녀라는 이름의 희생양을 만들었듯이, 남성주심주의 사회를 유지 발전시키기 위해서 가부장적 이데올로기에 순응하지 않는 여성들은 현대판 마녀사냥의 대상이 되는 것이다.

장정임은 "한 나약한 여성이 가부장제사회에서 겪는 온갖 고통, 조금만 주체성을 가지고 움직여도 마녀로 처형되는 사회에서 마녀 이기를 커밍아웃한 뒤의 소외와 해방감, 그리고 제가 살고 있는 지역 김해의 마구 파헤쳐지는 자연을 바라보는 슬픔, 자연에 대한 공감이 제 시집의 뼈와 살입니다."라고 말했다.

그녀의 삶은 해바라기꽃처럼 가부장제사회가 쳐놓은 금기의 담장을 성큼 올라서는 것이다. 그녀의 시 또한 삶과 분리될 수 없다. 그녀는 관념의 시인이 아니라 행동하는 시인이다. 현실에서 떠난 상상의 공간에서 관념적으로 노래하는 시 텍스트 속의 페미니스트가 아니라 김해라는 지역, 삶의 현장과 시공간을 맨 몸 그대로 넘나드는 시와 삶이 한 몸이 된 실천적 페미니스트다.

2. 고단한 현실적 체험과 신화적 각성

그러나 이 같은 행동하는 여성운동가 혹은 행동하는 여성시인이 되기까지 여성이라는 담장 안의 고단한 아내로서, 어머니로서, 직장인으로서의 불의한 현실에 대한 온몸의 실체험과 신화적인 각성이라는 전제가 있었음을 간과할 수 없다.

> 나는 가정의 평화를 위해
> 황국신민의 서사 같은 내훈을 외며
>
> —「먼길」 부분

부엌에 그만 고꾸라지면
온 가족이 타고 앉은 나는
이랴 이랴 기어가는 말이 되고
포근한 의자가 됩니다

—「의자가 되어」 부분

남교사가 느긋이
담배를 피워 무는 시간
언제나 허둥지둥
아이 걱정 시집 안부에 바쁘고
생각할 겨를도 없이
아침이 오고 밤이 오고
역사도 꿈도 소명도 피곤해
학생도 학부모도 교장도
여교사가 싫단다

—「문화결정론-여교사 1」 부분

「먼길」에서, 집은 사랑도 없이 노예를 원하는 남편, 제 어미의 삶은 아랑곳없는 아이들이 성내며 원망하며 기다리는 곳이었다. 그곳의 평화를 위해 황국신민의 서사 같은 내훈을 외며 치열한 번뇌를 고요히 눕히고 애정이 없어도 부둥켜 안으며 관습처럼 아이를 낳았다. 이 작품은 그녀가 가부장제가 요구하는 아내, 어머니, 며느리 직장 가사의 오중고를 견뎌야 하는, 얼마나 비인간적인 삶을 살았는지 잘 보인다. 그것은 우회전 좌회전도 금지된 무섭게 강제된 제도의 고속도로로 묘파된 것에서도 여실하다. 「의자가 되어」도 「먼길」처럼 남성중심주의 사회에서 여자로 아내로 며느리로 어머니로 올케로 살아가야 하는 것이 얼마나 고달픈 삶인지를 구체적으로 밝히고 있다. 「의자가 되어」와 「먼길」이 다같이 남성중심 이데올로기가 가정이라는 테두리 속에서 여성을 억누르는 실상을 묘파한 것이라면 「문화결정론-여교사 1」은 특히, 직장여성의 문제를 그녀가 여교사로서 14년간 체험한 교직 경험을 토대로 남성중심 이데올로기가 주도하는 교육현장에서의 여성 교사의 황폐한 실상을 기술한다.

그러나 장정임은 가정과 직장 할 것 없이 사회전반에서 이루어지는 여성 억압 체제 속에서도 좌절하지 않고 행동하는 여성주의자로 거듭 태어나는 모습을 신화적 이미저리의 제의의식을 거쳐 강력한 소명의식으로 무장하는 것으로 형상화하고 있어서 주목을 요한다.

1

한낮에 무척산에 오르고 해질 무렵 다시 산 중턱에 올랐습니다. 산의 가슴팍에 이다지도 많은 기원이 촛불로 지펴진 것을 저는 일찍이 본 적이 없었습니다. 늙은 무녀처럼 의연한 나무들이 치마폭을 펄럭이며 윙윙대는 어스름녘 바위틈마다 남몰래 켜놓은 촛불들이 가득 일렁이는 계곡은 차라리 장엄한 슬픔이었습니다. 아 산다는 것은 이다지도 많은 기원을 가슴에 간직하는 일일까요. 방금 전까지 축제처럼 피어 있던 벚꽃들이 어둠으로 지워질 때 왜 나도 영영 골짜기로 지고 싶었는지 저도 잘 모르겠습니다.

2

그렇게 가볍고 자유롭고 아무 근심걱정도 없이 촛불처럼 벼랑에 서서 나를 번제하던 희열을, 차라리 연기처럼 하늘에 사라져 흐르고 싶던 심정을 지금 설명할 길은 없습니다. 그 밤 산의 신령함이 나를 불러내어 온갖 허섭의 내 옷을 벗기고 나를 자신의 여자로 만들던 느낌, 그 언제부터인가 마침내 산과 동침하여 웅혼한 딸을 만들라던 전설 속으로 걸어 들어간 듯 나의 전율은 황홀했습니다. 그 두렵고 벅찬 밤 이후로 나는 남자를 사랑하는 일이 싱거워졌습니다. 그 어스름녘 산보다 더 포근하고 신비한 남자를 그처럼 사려깊고 굳센 남자를 저는 다시 만날 수 없을 것입니다

―「봄幻 2」 전문

이 작품은 장정임의 행동하는 여성주의자로 새롭게 태어나는 각성의 체험을 매우 환상적으로 표현한 것이다. 이것은 행동하는 여성주의자인 장정임을 스스로 의식화하고 나아가 신화화하는 모습을 보임으로써 그녀의 여성주의운동을 신의 섭리로까지 승격시키면서 예언자적 위치로 스스로를 끌어올리려는 의도를 보이는 것이어서 매우 흥미롭다. 그만큼 여성운동의 당위성이 거부할 수 없는 시대적 소명임을 부각시키는 것이기도 하다.

「봄幻 2」에 등장하는 무척산은 바로 모세가 야훼로부터 계명을

받은 시내산의 모티브와 같은 신성성의 이미저리를 투영한다. 시내산은 일찍부터 성스러운 산(Holy Mountain)으로서, '야훼의 산'으로도 불렸는데, 미디안 광야에서 양을 치던 모세가 이 산에 올라 타지 않은 떨기나무 가운데서 들리는 야훼의 음성을 듣고 이스라엘 민족해방의 소명을 받은 다음 이집트에서 고생하는 이스라엘 백성들을 구출해내었던 것이다.

장정임이 신화의 장소로 '무척산'을 끌어들인 것은 우연이 아니다. 무척산은 김해 상동면과 생림면의 경계에 위치하고 있는 높이 703m의 비교적 나지막한 산이지만 기묘한 바위들과 깊은 계곡이 서로 어우러져 있으며 산의 중턱에는 母恩庵이라는 사찰과 정상 부근의 천지라고 불리는 호수가 있는데, 이곳에는 김수로왕, 허황옥과 관련된 신비한 일화가 전해지고 있다. 무척산은 예전부터 신화의 공간이었다.

거듭 말하거니와 「봄幻 2」은 모세의 모티브처럼, 무척산의 모티브로 스스로 고난받는 여성의 해방자로, 여전사로 스스로를 신화화하는 작업의 일단을 보이는 것이다. 「봄幻 2」 속의 그녀는 한낮 신화의 공간인 무척산에 오르고 다시 산 중턱에 오르며, 산의 가슴팍에 많은 기원이 촛불로 지펴진 것을 보았다. 그 수많은 기원들을 보면서 촛불처럼 벼랑에 서서 자신을 번제하는 제의의식을 치른다. 이것은 희생양 의식이다. 여성들의 수많은 기원들을 위해 한 몸 제물이 되겠다는, 행동하고자 하는 한 여성주의자의 다짐이 아닐 수 없다. 그 뜻을 하늘이 받으셨는지, 그 밤 산의 신령함이 그녀를 불러내어 온갖 허섭의 옷을 벗기고 진정한 여성주의자로 태어나게 하였다. '웅혼한 딸을 만들라' 는 하늘의 소명을 받아들인 것이다. 이것은 이스라엘 민족을 해방하라는 야훼의 음성을 듣는 모세의 모티브와 같은 맥락이 아닌가. 그 두렵고 벅찬 소명의 밤 이후 "나는 남자를 사랑하는 일이 싱거워졌습니다"라는 고백도, '아무것도 가진 것 없는 여자' 가 무척산 체험으로 행동하는 여성주의자로 변모한 여전사의 목소리를 똑똑히 들려주는 것이다.

3. 행동하는 여성주의 시인 장정임의 남다름

어둠에서 우리를 일으켜 세우던
두렵도록 격렬하고 올곧은 전사
이 땅 최초의 여성 민중시인이여
이제 네 깃발을 내가 받아 들리라

—「고정희」 부분

이 땅 최초의 여성 민중시인 고정희의 뒤를 이어 장정임은 행동하는 여성주의자, 올곧은 전사로서 자처하고 있다. 이러한 장정임의 자처는 앞서 살펴본 대로 그의 삶과 시가, 결코 분리되지 않기 때문에 일면 타당성을 지닌다.

70년대 문화적 지식인들이 쓴 민중시와 80년대의 현장 노동자들이 쓴 노동시를 구분하듯이, 여성시를 행동으로 현장화 되지 못한 관념적 여성시와 삶과 시가 하나되는 실천하는 여성시로 구분할 수 있다면, 후자에 속한 경우는 매우 드문 편이다. 다시 말해,

그것은 90년대를 전후한 많은 여성성을 테마로 한 시들이 행동이 아닌, 텍스트 내의 관념이거나 이데올로기로 그치는, 곧 삶의 현장이 아닌, 시라는 텍스트의 여성성에 머물렀다고 볼 수 있기 때문이다. "저의 시 대부분은 체험의 산물이며 현장에서의 필요에 의해 생산된 것이기도 하다"라는 장정임의 고백처럼, 그녀가 고단한 생의 뼈저린 체험과 신화적 각성으로 시와 삶을 한 몸으로 이룬 것은 행동하는 여성주의 시인 장정임의 남다른 면모라 할 것이다.(2004년)

정이경의 뜨거움

경남시단은 바야흐로 한층 물이 오른다고나 할까. 긴 동면의 터널을 지나 이제 봄의 길목에 놓여 있는 것처럼 보인다. 경남시단의 동면 기간은 너무 길었다고 볼 수 있다. 그러나 근자의 경남의 시적 환경은 곳곳에서 시전문잡지와 풍성한 이벤트, 그리고 최근 두각을 보이는 몇몇 시인들의 의욕적인 행보로 시의 르네상스가 도래할 것 같은 느낌을 갖는 것은 비단 나만의 생각은 아닐 것이다. 물론, 젊은 신예들이 모습을 드러내지 않는 것이나 중진시인들의 타성적 안주는 우려할 만한 것이기도 하지만, 정이경 같은 경남시단의 허리에 해당하는 시인들의 행보가 주목을 요한다.

『경남문학』의 '이 시인을 주목한다' 에서 시인 정이경을 선정한 것은 적절한 선택으로 보인다. 따라서, 정이경의 시적 성취는 그의 개인적 성취로 머무는 것이 아니라 경남시단의 시적 수준을 가늠하는 중요한 척도가 될 수도 있을 것이다.

정이경의 대표시 「봄」 외 6편은 '憂愁' 를 짙게 깔고 있다. 이 憂

愁의 실체를 해명하는 것이 바로 정이경의 시세계를 파악하는 단초가 될 성싶다.

그의 憂愁는 길 위에서 이루어지고 있다. 그에게 길과 憂愁는 불가분의 관계에 놓인 것이다. 길의 이미지는 그 속성상 무한한 자유와 사유를 환기한다. 정이경에게 길의 사색은 憂愁를 동반한다. 길의 무한성과 길 위에 선 인간 존재의 유한성이 대립되면서, 憂愁로 귀결되는 듯하다.

정이경이 보이는 길 위의 무한과 유한의 대립체계는 다층적이다.

골목마다 이삿짐들이 아무렇게나 나와 있다
그 위에 잠시 걸터앉은 봄볕들마저
하얗게 질린 불안한 저 표정
실어증 걸린 시간들이
멋대로 들락거리는 사이
열린 창 틈으로 따라 들어온 먼지들
떠돈다 그 먼지들 또한
큰 소리로 쿨럭거린다
(봄은 지극히 무력적이라고)

언뜻, 지상에 없는 방 한 칸
막막히 누워
알 수 없는 무게로 뒤척이는 동안

막무가내로 꽃 피고 꽃 져도
보이지 않는 적막의 그늘
깊다

—「봄」 전문

봄의 아이러니가 드러나는 시이다. 봄은 일반적으로 희망적이고 밝고 생동적이어야 하는데, 시의 내용이 제목인 봄을 배반함으로써 아이러니를 유발한다. 골목의 길바닥에 아무렇게나 던져진 이삿짐들이 불안하다. 봄볕들마저 하얗게 질린 불안한 표정이니 이삿짐 자체는 얼마나 불안하겠는가. 더 넓은 지상에 이 이삿짐이 쉴 수 있는 방 한 칸이 없다. 봄날에 길바닥에 대책없이 쏟아져 나온 이삿짐은 어떤 상황인가. 이삿집 주인이 파산이라도 당한 것인가. 지금보다 더 나은 환경으로 이사가는 상황이면 뭐가 그렇게 적막의 그늘이 깊겠는가. 지상에는 수많은 빌딩, 아파트, 단독주택들이 있지만, 이 이삿짐 하나 누일 방 한 칸이 허락되지 않은 상황적 아이러니 또한 황당하다.

시인은 봄의 아이러니를 통하여 이 시대의 모순과 아픔을 노래하는 것이 아닌가. 풍요와 빈곤의 극한 대립이 드러난다. 그것도 봄날을 배경으로 깔고 드러나서 더 참담하다.

너무 아득하였지
도시라는 거대한 벽은 어디에서고 벽일 뿐
아직도 채 펴지지 않은 기우뚱한 어깨 위로

희망은 비듬처럼 가볍게 내려앉기만 했었다

—「한티마을-낮은 발성법으로」 부분

스물하고도 둘이었지만

그 흔한 무학소주에 젖을 줄도 모르고

쑥 뿌리 같은 속 그저 변함없었지

어떤 징후도 보이지 않던 봄소식들로

라디오 주파수를 자주 바꾸어야 했지

—「한티마을-한수 총각」 부분

도시라는 거대한 벽에서 희망이라는 봄은 비듬처럼 가볍게 내려앉기만 하고, 라디오 주파수를 바꾸어도 그것은 잡히지 않았던 것이다.

「봄」에서 너부러진 이삿짐 하나 쉴 곳이, 지상의 도심에서는 방 한 칸도 얻을 수 없었기에 한티 마을로 찾아온 것인가. 「한티마을-낮은 발성법으로」에는 "봄이면 봄처럼 살라 하고/가을이면 가을로 살아가게 하였다"라고 노래하는 것으로 보아 어느 정도의 위안은 찾은 듯도 하지만, 한티마을에서의 애써 희망찾기 시도가 성공적이었다고 말할 수도 없는 노릇이다. 한티마을인들, 무슨 특별한 방편을 마련해줄 수가 있겠던가.

검은 모자를

깊숙이 눌러 쓴 채

가지러한 길에

발 맞추다 보면

개 짖는 풍경들이

가까운 듯 따라 나선다

어슬렁거린 꼬리 뒤에 오는

새벽은

푸르스름한 옷을 입고

—「불면」 전문

길가다 만난 절망적 풍경이 「봄」이고 그 「봄」과 상호텍스트성을 이루는 것이 한티마을이라면, 「불면」은 앞의 절망적 풍경과 역시 상호텍스트 관계에 놓인다. 지상의 길에서 만난 반갑잖은 풍경이 불면의 긴 사유의 길을 떠나게 한 것이다. '검은 모자' 가 환기하는 불면의식은 푸르스름한 옷을 입은 새벽녘까지 길게 드리워진다.

왜, 불면의 긴 사유의 길을 새벽녘까지 가는 것인가. 그것은 앞서 지적한 바대로 길의 무한성과 존재의 유한성의 대립, 갈등에 기인한 것이다. 그 갈등구조는 「봄」처럼 자본주의적 모순 같은 외부적 요인만이 아니라 내면성에도 터를 두고 있다.

立春과 우수 사이

끊어질 듯 이어지는 모롱이 돌아

모산재 오른다

수없이 겹쳐지고 갈라진 바위의 모서리

내딛는 발길보다 바라보는 눈길이
더 아득하다
지상의 모난 마음 들킬까
깍아지른 벼랑 애써 외면해도
왁자하던 길은 어디서부턴가
나무 그늘 속으로 달아나 버렸고
햇빛은 일제히 난반사로 튀어나왔다
그 뜨거운 몸의 길
나는 오래 격렬함을 원했다
산이 나를 지나가는지
내가 산을 통과하고 있는지 알 수 없었으므로

—「밋밋한 생은 슬프다」 전문

길 위의 사유의 모습을 잘 보인다. 정이경에게서 '길' 이미저리는 중요하다. 지상의 길이든, 사유의 길이든 그의 자선 대표작 7편이 모두 길과 관계되고 있는 것만 보아도 그렇다. 정이경에게 길과 사유는 동전의 양면처럼 한 몸이나 다를 바 없다. 길 위에서 사유하고 사유하면서 길을 간다. '밋밋한 생은 슬프다' 같은 생에 대한 사유는 이 시에서 立春과 우수 사이 끊어질 듯 이어지는 모롱이 돌아 오르는 모악재에 이르는 길로 형상화되고 있지 않은가. 겉으로 보기에는 등산길이지만, 실상은 내면의 길을 보인 것이다. 즉, 정이경의 뜨거운 몸의 길을 표상한 것이다. 그가 뜨거운 몸의 길에서 오래 격렬함을 원한다는 것은 또한 어떤 의미인가.

산이 나를 지나가는지
내가 산을 통과하고 있는지 알 수 없었으므로

대부분 사람들은 산길을 갈 때 자신이 산을 통과하고 있다는 생각을 한다. 그러나 내가 산을 지나가는 것이 아니라, 산이 나를 지나가는 것일 수도 있다는 또 한 편의 가능성을 열어두고 있지 않은가. 일방통행적 사유나 규정화된 관습체계에 안주하는 것은 밋밋한 생이라고 보는 것이다. 그 뜨거운 몸의 길은 나무 그늘 속으로 달아나 버린, 그래서 사람들이 잘 찾지 않는 그 길을 찾아가는 격렬함을 한편 원하고 있다. 여기서 길의 이중성을 만나게 된다. '평탄한 길/깍아지른 길', '왁자하던 길/나무 그늘 속의 미로의 길', 이 두 길에 대한 정이경의 생각이 나타난다. 두 길은 앞서 제시한 '길의 무한성과 존재의 유한성의 대립, 갈등' 과 같은 맥락이다. 남들이 가고 싶어하지 않는 길, 가지 않은 길에 대하여 자신도 애써 외면하고 싶지만, 그래도 결과적으로 두 길을 다가가고 싶은, 즉 어느 일방을 제외하지 않는 갈등, 긴장을 포용하고 함께 가는 뜨거운 몸의 길을 원하는 것이다.

무엇이 우리를 길 위에 서게 하는가
청설모 잰걸음으로
내소사 휘돌아 나오는데
길이 끝나는 곳에

숨겨진 길이 또 있었다
물살도 없는 빈 해안선
어김없이 길 하나가 재빠르게 이어지고
드러난 사람의 마을
줄포, 격포는 그렇게 길 위에 있었다
그 좁디좁은 어깨 위로 내려앉던 저녁놀
누구도 발 닿지 않았을 세상은
수평선 밖으로 자꾸 멀어져도
닿을 수 없는 거리보다
넘쳐나는 뜨거움에
무릎 꺾어 입맞추고 싶었다
변산반도, 붉은 그 힘에

—「변산반도는 붉었다」 전문

정이경이 추구하는 시적 지향이 보다 선명하게 읽혀진다. 이 시의 중심 이미저리도 '길' 이다. 물론, 그 길은 사유와 동일체이다. "무엇이 우리를 길 위에 서게 하는가" 라는 시작부터 길과 사유는 한 짝이 아닌가. 청설모 잰걸음으로 내소사 휘돌아 나오는데 길이 끝나는 곳에 숨겨진 길이 또 있다는 것을 인지한다. 정이경의 사유는 길 끝나는 곳에 멈추지 않고 길 너머의 공간을 응시하는 것이다. 일상적 길에서 머무는 것이 아니라, 일상적 길의 너머에 있는 또 다른 길에 관심을 갖는다. 그 길은 누구도 발 닿지 않는 세상으로 이어져 있다. 정이경은 일상인들이 닿을 수 없는 세상, 그 거리를 껴안을 수 있는 '넘쳐나는 뜨거움' 을 간직하고 있는 것이다. 이 시에서는 그 힘의 원천을 '변산반도, 붉은 그 힘' 이라고 제시하고 있다. '밋밋한 길은 슬프다' 고 노래한 '그 뜨거운 몸의 길' 과 분리될 수 없는 것이다.

정이경은 겉으로 보기에 정적이다. 냉냉하다고 하는 편이 나을 듯하다. 그의 행동은 조용하다. 문단활동도 요란하지가 않다. 그러나 그의 시의 몸은 뜨거움으로 펄펄 끓는다. 그 뜨거움으로 일상적 길을 넘어서 또 다른 길을 향해 끊임없이 사유하고 모색하며 떠나는 것이다. 그의 일상적 몸과 시의 몸은 갈등한다고 볼 수 있다. 그의 현실의 몸은 현실적 가치체계에 갇혀있지만, 시의 몸은 '잠들지 못하고' (「불면」) '모산재' (「밋밋한 생은 슬프다」)로, '변산반도' (「변산반도는 붉었다」)로, 아니면 '저문 들판' (「저문 들판에선」)으로 길 떠나는 것이다.

아버지는 무논에 들어가셨다
올 봄도 어김없이
논두렁 수놓은 풀꽃처럼
제 몸 넉넉히 썩혀
실팍한 뿌리도 키 세울 일
아버지는
막걸리 한 사발로
놀빛 은연한 하늘을
기다림으로 덮어 두셨지

—「저문 들판에서」 부분

무반주로 시작되던 그해 겨울, 가오리 연 하나 날지 않고 까치밥만 높다란 하늘에 남루처럼 바람은 늘 떠나지 않았다. 분내 날리던 영이 고모 봄이 아니어도 서울로, 서울로 닭이라도 쳐볼거나 빚 위에 빚지고 시절 좋다는 양돈이나 해볼거나 빚 위에 빚지고 죽음보다 독한 결심의 길엔 가장 빛나는 귀향을 부적처럼 지니고 노을 속 긴 그림자로 물들던 우리의 이웃, 이웃사촌들

—「그대 고향에는」 부분

앞에서 살펴보았듯이, 그의 뜨거운 몸의 길은 그 절실함만큼 憂愁에 젖어 있었다. 그래서 잠시라도 안식하고자 길 위의 사유는 고향으로도 향한 것이다. 고향에는 아버지가 있고, 이웃사촌들이 있지 않은가. 그러나 막상, 고향에 당도하지만 길 위의 무한성과 유한성의 존재론적 괴리, 갈등에 고통하는 자신이 위로 받을 상황은 아니다. 고향에는 아버지와 이웃들의 고단함만 즐비하게 놓여 있는 것이다.

정이경이 구축한 몸의 길, 그 넘쳐나는 뜨거움을 그의 자선 대표시 몇 편을 통하여 간략하게 확인하였다. 존재론적 갈등, 시대의 모순과 괴리 따위로 그의 시는 憂愁 짙은 눈빛을 하고 있다. 몸의 뜨거움으로 가지 않은 길을 찾아 떠나는 자유로운 사유의 폭, 그 안에 존재하는 팽팽한 대립체계는 그의 시를 단단하게 한다.

그러나 정이경의 뜨거운 길 위의 사유는 현재진행형이다. 아직

안착하지 못하고 있는 셈이다. 몸의 뜨거움이 이끄는 대로 향하는 길 위의 사유로 인해 그의 시의 몸은 더 두터워질 것이다. 우리는 당분간, 憂愁 짙은 눈빛으로 길 위에서 존재론적 괴리와 시대의 모순에 갈등 · 고뇌하며 사유하는 그의 시의 몸이 만드는 길을 지켜보아야 할 것이다.

정이경의 시적 성취는 그의 개인적 성취로 머무는 것이 아니라 경남시단의 시적 수준을 가늠하는 중요한 척도가 될 것이라고 크게 말했지만, 이 짧은 글로 정이경의 시적 성취를 함부로 재단할 수는 없는 노릇이다. 단지, 정이경 시의 몸이 보이는 뜨거운 포즈가 경남시단의 생기있는 한 표정으로 읽혀질 수는 있을 것이다.(2002년)

강미정의 여성이라는 현

나는 강미정 시를 읽기보다 강미정을 먼저 읽었다. 강미정을 만나기 전에 그가 참 좋은 시를 쓰는 시인이라는 걸 풍문으로 듣고 있었던 것이다. 선입견 때문인지 강미정은 시로 단단히 뭉친 사람처럼 보였다. 시로 이루어진 사람, 시 말고는 아무것도 없는 사람이라고 생각되었다. 그렇게 생각되던 그가 세 번째 시집을 내었다. 『그 사이에 대해 생각할 때』라는 시집이 바로 그것이다. 프로필 사진을 가만히 본다. 볼수록 강미정은 참 시인의 모습답다는 생각이 든다. 왜일까? 선입견 때문만은 아닐 것이다. 이런저런 생각을 하면서 시집 제일 앞에 수록된 시를 읽는다.

잿빛 허공을 밀치고
등나무 넌출이 불 켜진 가로등을 가만히 감는다

죽을 고비를 아홉 번이나 넘겼다는 여자는

감사합니다 말하며 가만히 웃는다

가만히,
비 그치고 해 졌는데
엄마, 어젯밤에 너무 아팠지? 이 말 쪽으로
내 마음이 휙 휜다

오래도록 가만히 감아왔던 것
내 마음이 길게 고개를 젖히며 보았던 것

휘어지는 것은 내가 끌려들었던 것,

마음이 휘어졌던 것만 가슴에 가만히 담긴다

—「가만히 휘어지는」 전문

이 첫 시에서 강미정의 캐릭터가 투영된 것을 읽는 것은 어렵지 않다. 잿빛 허공을 밀치고 등나무 넌출과 불 켜진 가로등이 나누는 교감, 이것은 가만히 포옹하는 것으로 드러난다. 잿빛 어둠의 허공이라는 암울한 거리를 건너 가로등에게 다가가는 생명의 교감이 예사롭지 않다. 첫 연부터 생명의 몸짓을 보인다. 잿빛 허공에 불 켠 가로등이 외로움의 표상이라면 이것을 껴안는 등나무 넌출의 포즈는 너무나 인간적이다. 아니 희망의 불빛을 잡으려는 등나무 넌출이 애잔하다. 이런 배경으로 죽을 고비를 아홉 번이나 넘긴 여자가 전경화된다. 감사하다며 가만히 웃는 여자, 이 여자에게서 강미정의 캐릭터가 느껴진다. 아니, 이 시집의 프로필 사진이 오버랩된다. 이 여자에게 엄마라고 부르는 아이가 있다. "어젯밤에 너무 아팠지?"라고 말하면 마음이 훽 휘는 엄마라는 여자에게 아이는 매우 중요한 의미다. 2연의 죽음 고비를 아홉 번이나 넘긴 여자와 3연의 "내 마음이 훽 휜다"는 화자 '나' 사이에는 미적 거리가 발생한다. 이것도 강미정의 미덕이다. 4연에서는 '오래도록 가만히 감아왔던 것'이 등나무 넌출의 이미지를 환기한다. 엄마와 아이의 교감이다. 이것이 정말 화자에게는 소중한 것이다. 그래서 이것만 가슴에 가만히 담는다.

등나무 넌출과 불 켜진 가로등, 어머니와 아이의 정서적 병치는 이 시의 서정성을 풍부하게 한다. 이 시에서는 엄마라고 부르는 아이와의 교감을 드러내고 있지만, 강미정의 서정은 이것으로 한정되는 것은 아니다. 모성과 아울러 '그'에게로 향하는 여성으로서의 또 하나의 현을 켜고 있음을 간과해서는 안 된다. 이런 여성성의 모티브가 이번 시집에서 지배적인 이미저리로 서정이라는 시의 현을 켠다고 볼 수 있다.

지난 4월 11일 서울 종각역 부근에서 강미정 시인의 출판기념회가 조촐하게 열렸다. 그때 나는 '문학의 전당' 대표인 김충규 시인이 축하하는 말을 인상 깊게 들었다. 문학의 전당에서 출판하게 된 것이 고맙기도 하고 죄송하기도 하다고 말한 것이다. 이 말은 강미정 시는 충분히 더 좋은 출판사에서 시집을 출간할 수 있는데, 문학의 전당에서 출간하여 본인의 입장에서는 고맙지만 강미정 시인은 정작 손해 보는 일로 여긴다는 뜻이다. 그래서 덧붙이기를, 다음에는 절대로 문학의 전당에서 시집을 내주지 않겠다고 말했다. 다음에는 꼭 메이저 출판사에서 내라는 뜻이다.

사실, 시집의 수준은 시집을 출판하는 편집자가 잘 안다. 문학의 전당 대표로서 하는 말이 그냥 격려의 말이 아니다. 김충규 시인의 말은 강미정의 시의 품격을 잘 지적한 말이다. 김충규의 말은 메이저 출판사에서 출간해야 시집이 더 빛을 발하고, 메이저 문예지로 나와야 더 인정받는 오늘의 문단 세태를 잘 보여준다. 이것은 어제 오늘의 일이 아니다. 물론 이런 선입견이 전혀 근거가 없는 것은 아닌 측면도 없지 않지만, 하여튼 오늘의 이런 세태는 문제다. 그러나 걱정할 것도 없다.

강미정을 보면 안다. 어찌해서 특별한 배경도 없는 강미정 시를 읽는 사람마다 고평하는 건가. 이날에 정한용 시인도 축하의 말을 하면서, 강미정 시를 처음 접하고는 자신보다 더 시를 잘 쓰는 시인으로 생각했다는 얘기를 했다. 이뿐 아니다. 그날 참석했던 시인들 모두 이구동성으로 하는 말이 강미정 시가 좋다는 것이다. 강미정이 김해 살 때 김해 부산 지역의 시인들에게 알려지고 그것이 확산되어 서울 시인들에게도 알려지고 그러다보니, 마산권에 있는 나도 자연스럽게 그의 시가 좋다는 선입견을 갖게 된 듯하다. 강미정을 보면 메이저니, 아니니 할 것 없이 좋은 시는 많은 사람들에게 결국 알려진다는 사실을 알게 된다. 좀 천천히 알려질지는 몰라도.

객설이 길다. 다시 강미정 시집으로 돌아간다. 이번 시집은 강미정의 여성성이 섬세하고 유려한 서정성의 피륙으로 잘 짜여져서 읽을수록 그 매혹에 빠져 들게 한다.

혼자 베란다에 나가 담배를 피우고 있는 그의 등을 본다 연기로 뿌예진
등 안쪽에는 그가 써먹지 않는
울음이라는 현이 떨고 있을까

—「울음이라는 현」 부분

꽃이 지고 있는 나무 그늘에서
아이는 내 무릎을 베고 잠들었다
왁자하게 술렁이던 꽃나무는
적막이 한 그루다.
천천히 한 장을 내려놓고 두 장을 내려놓다가
후루루, 빠르게 다 내려놓는다

—「꽃그늘」 부분

이 두 편의 시는 강미정의 여성성을 각각 표상한다. 이번 시집의 중심축이 바로 여성성이라면 이것은 두 갈래로 나뉜다는 것이다.

앞의 시는 '그'에 대한 생각이 드러난다. 화자는 혼자 베란다에 나가 담배를 피우고 있는 그의 등을 보면서 등 안쪽에 그가 써먹지 않는 울음이라는 현을 생각한다. 혼자 담배를 피우며 허공을 볼 때마다 가장 낮은 음으로 침묵처럼 떨고 있을 울음이라는 현을 생각

하는 것이다. 그는 화자의 누구일까. 화자의 무게를 다 안아주는 그의 다리가 늘 후들거렸을 것이라고 생각하는 측면에서 그의 존재를 짐작하지 못할 바도 아니다. 화자는 그라는 존재의 드러나지 않는 슬픔을 읽어내고는 한없는 연민을 지닌다. 이 화자의 정서는 강미정의 그것과 등가를 이루는 듯하다. 이 시에서도 드러나듯이, 강미정은 고감도의 정서라는 현을 지니고 있는 시인이다.

고감도의 현은 뒤의 시에서는 모성으로 향하고 있다. 꽃이 지고 있는 나무 그늘에서 아이가 화자의 무릎을 베고 잠들어 있다. 왁자하게 술렁이던 꽃나무가 천천히 한 장을 내려놓고 두 장을 내려놓다가 후루루, 빠르게 다 내려놓는 적막이 한 그루가 된다. 꽃나무와 병치된 화자는 서로를 투영하는 것이다. 적막한 한 그루의 꽃나무 같은 화자가 아이를 지키고 있는 것이다. 화자는 아이가 자신의 몸으로 와서 몸 가득 초록으로 살 때까지, 몸 가득 아픔으로 살 때까지, 몸 가득 사랑으로 살 때까지 죽도록 죽도록 살 때까지 그렇게 살아가고 싶은 것, 아니 그렇게 살아야 하는 것이라고 잠든 아이의 머리를 쓰다듬는다.

이번 시집에서 모성의 현이 주조를 띠는 것 같지만 실상, 더 주목해야 할 것은 모성의 모태가 되는 여성으로서의 현이다. 모성은 「울음이라는 현」에서 보듯 여성으로의 현을 전제하지 않고서는 불가능한 것이다.

환한 봄 햇살입니다 뼛속까지 사무칠 것 같은

이 햇살 속을 걸어 당신은 산꽃구경을 가고
봄나무 성긴 그림자 속을 나는 걸었습니다

산꽃이 환하게 피었나요?
사무치는 햇살에도 꽃피지 못하는 것들과
따사로운 바람에도 몸 떨고 있는 것들을 생각합니다

—「햇살 속에 사무치다」 부분

화자는 애틋한 사랑을 노래한다. 뼛속까지 사무칠 것 같은 햇살 속을 당신은 산꽃구경을 가고 화자는 봄나무 성긴 그림자 속을 걸었다. 이는 곧 당신과 화자의 거리다. 햇살 속과 그림자 속의 차이다. 사랑이 꽃피는 시절이 있으면 지는 시절도 있다. 그래서 사무치는 햇살에도 꽃피지 못하는 것들과 따사로운 바람에도 몸 떨고 있는 것들을 생각하고 있다. 이 시 마지막 연 중 "봄나무 그늘 같은/한 나절 내내 무심한 당신에게 내 눈이 닿아 있었습니다"에는 화자의 사랑이 순탄하지 않음을 더욱 짙게 드러낸다. 어디 사랑만 그렇겠는가. 시인의 감성, 그것도 고감도의 서정의 현을 지닌 사람은 그것이 형벌이 되어 때로 삶도 순탄하지가 않다. 이런 점에서는 강미정도 예외가 아닐 것이다.

저렇게, 계단에도 창문에도 전봇대에도 붙어서 우는 매미처럼 저렇게 지겹게 저렇게 표독하게 저렇게 애절하게 생을 다하여 부르는 이름이 한 번 되어 볼래

—「여러 겹으로 된 한 통의 연애편지」 부분

아이들이 집으로 쪼옥, 빨려 가버린 놀이터
고개를 숙이고 걷고 있는 저 남자
제 발자국을 내려다보며 그네에 앉았다

—「그 남자」 부분

깨어났을 때 가장 먼저 내 손을 잡아준
손 라라라 웃으며 내 손을 놓지 않던
그,

—「라, 라, 라, 음의 목소리」 부분

그의 의심이다, 그의 질투다, 나는 늘 그의 그런 생각이 들어서 속에 있다. 애인과 밥을 먹었고, 애인과 드라이브를 했고, 애인과 모텔에서 잠을 잤다는 말은 그의 생각이다, 그런 생각이 들어서 속에서 나는 그런 생각이 드는 행동만 한다,

—「편집증의 애인」 부분

위의 시들에서 드러나는 강미정의 모성 이전의 여성성의 캐릭터는 매우 복합적이다. 불꽃같은 사랑이 드러나는가 하면, 사랑의 권태나 회의가 드러난다. 이런 이중적 교직 속에서 강미정의 여성이라는 현의 울림은 이번 시집에서 깊이를 더하며 드러난다. 이에 대한 깊이 있는 읽기가 이 시집 읽기의 요체가 될 것이지만 이 자리

에서는 더 말할 여유가 없어 아쉽다.

이번 시집은 육과 영의 고통을 감내하면서 모성의 이전, 혹은 전제로서의 여성이라는 현을 서정으로 켜고 있는 것이다. 이것들은 "아픔이 조금씩 나아져서/지독하게 살고 싶어진다"(「지독하게 살고 싶어지다」 부분)라고 노래하는 화자, 아니 시로 똘똘 뭉친 강미정 시인의 서정적 절규라 할 만큼 깊은 울림을 내포하고 있다.(2008년)

김일태의 서정언어

1. 방송언어를 업그레이드시키는 PD

김일태의 양복 입은 모습을 한 번도 보지는 못했다. 늘 잠바 스타일거나 아니면 편한 면티 차림이다. 그의 중후한 풍채로 보면 정장이 썩 잘 어울릴 듯도 한데 굳이 간편한 스타일을 견지한다. 그래서인지 언제나 소탈한 표정의 사람 좋은 웃음을 만면에 머금고 나타나는 그를 보면 참 편안하게 느껴진다. 그런 그가 유수한 방송국의 PD라는 사실을 알게 되면 아이러니칼하게 느껴질 것이다. 그는 오랫동안 방송언어를 매만져온 베테랑 PD인 것이다.

때가 되면 버리려고
따로 챙겨 두었던 분리 수거용 언어들
관념의 날개를 단다

왼쪽으로 오른쪽으로 더러는 곧바로
푸르고 붉은 표시 따라
각기 유연하게 이들 떠난다

통발처럼 들이키기만 할 뿐
뱉을 줄 모르는 체증의 도심을
나의 언어 날지만

신호에 걸려
말없는 거리로 주저앉고

놓여야 할 곳 몰라
접촉 사고 현장 스프레이 자국처럼
도로 위에서 구겨지거나
교차로 신호대 위에 일상으로 걸려서는

공해에 찌든 바람이나 즐기고 있다
나의 이름표를 하나씩 수사처럼 달고는

애당초
재활용될 것인가에 대해서는
상관없었다는 듯이

—「푸른 신호등 · 1—방송 언어에 관하여」 전문

이 시대의 방송은 대중문화를 전위에서 이끌어 가는, 첨단 코드다. 일반대중은 방송의 일거수일투족에 영향을 받고 있다고 보아도 좋다. 영상시대에 방송의 파워는 대단하다는 점을 염두에 두면, PD 김일태는 이 시대에 있어 굉장히 중요한 포지션을 점하고 있는 셈이다.

그러나 PD인 그가 다루는 방송언어는 이 시대 대중의 코드를 지향하면서 부유하는 운명을 지닌다. 방송언어는 대중의 기호에 민감하게 반응하지 않을 수 없다. 소위, 상업성이나 실용성을 언제나 염두에 두어야 한다. 대중이 외면하는 방송은 존재할 수가 없다. 그래서 방송은 대중의 기호에 따라 공중파를 쏟아내야 하는 운명이다.

어느 시대나 대중의 기호는 통속적이지 않던가. 여기에 김일태의 고민이 있는 것이 아닌가 한다. PD 그가 송출하는 방송언어는 "통발처럼 들이키기만 할 뿐/뱉을 줄 모르는 체증의 도심"에서 "신호등에 걸려/말없는 거리로 주저앉"아, "도로 위에서 구겨지거나/교차로 신호대 위에 걸려서는/공해 찌든 바람이나 즐기고 있다". 그의 이름을 하나씩 수사처럼 달고 있는 것들이 애당초 재활용될 것인가에 대해서는 아무 상관없었다는 듯이 지리멸렬해 가는 것이다. 따라서 그의 언어는 송출되자마자 분리 수거용 봉지에 담겨서 쓰레기장으로 향하는 것인지도 모른다. 그가 오랫동안 제작해온 MBC 라디오 프로그램명을 제목으로 하고 있는 인용시는 방송언어에 대한 김일태의 인식을 잘 드러내고 있다.

김일태는 천성이 시인으로 태어났기 때문에 표피적인 것, 부유하는 것, 수태하지 못하는 언어에 대해 만족할 수가 없을 것이다. 그래서 그는 방송의 문화예술코드를 파고들고 있는 듯하다. 오늘날 세계적인 음악제로 발돋움한 '통영국제음악제' 는 1999년 '윤이상 현대음악제' 로 출범했는데, 이 당시만 해도 통영지자체에서는 윤이상이라는 문화코드를 제대로 활용하지 못하고 있었다. 만약 김일태 PD가 없었다면 지금의 '통영국제음악제' 는 감히 상상도 할 수 없었을 것이다. 어쩌면 이 음악제는 방송의 문화코드로 쓴 김일태의 詩作의 결실이라고 해도 좋을 듯하다. 이 음악제의 기획이나 섭외 등 전반에 걸쳐서 그의 손길이 가지 않은 데가 없을 정도였다. 방송언어의 실용성이나 상업성을 업그레이드시켜 문화코드화하는데 늘 PD인 그의 관심이 뻗쳐 있다는 일례로 '통영국제음악제' 를 들어보았다. 일일이 모두 예거할 수 없지만 이 지역의 주요 문화예술코드에 김일태 PD가 직 · 간접적으로 관계되어 있음은 결코 우연이 아니다. 그는 방송의 실용성이나 상업성을 넘어서는 방송의 문화코드화에 큰 관심을 가지고 있는 문화예술 전문PD를 지향하고 있는 것처럼 보인다.

2. 생명의 '근원', '본질', '의미' 를 지향하는 서정시인

김일태 PD가 부유하고 흩어지는 방송언어를 보다 견고한 언어로 업그레이드하기 위해서 문화코드에 깊은 관심을 표명하고 있는 것은 자연스러운 일이다. PD인 그의 관심의 궁극에서는 시인 김일태와 자연스럽게 만나게 된다.

방송언어로 도무지 다 풀 수 없는 생명의 근원지향에 대한 갈증이 시인 김일태의 詩作으로 뻗치고 있는 듯하다. 그는『시와 시학』으로 등단한 이후 매우 왕성한 詩作을 보인다. 1998년 시와 시학사에서『그리운 수개리』, 2001년 동학사에서『호박을 키우며』, 그리고 올 10월에 역시 동학사에서『어머니의 땅』을 출간하기에 이르렀다.

아버지 남지장 가시고
어머니 운암사 절 올리러 가시면
나와 내동생
바람 너그러운 냇가에 앉아
과즙같은 돌풀 풀며
돌점을 쳤습니다
어머니 소지는 잘 오르고 있을까

쪼막돌 손톱돌 되도록
개구리가슴 같았습니다
아버진 오늘도 늦으실까

돌 돌 납작돌
너도 동동 나도 동동
좋은 일만 동동

어둑살 길 덮고
점괘 맞출 생각도
덮을 때면

푸루루 푸루루
양 입술 불어 떠는
날궂이짓에
장마 중 밤별 부셨습니다
어데까정 왔을까

—「그리운 樹介里 · 5」 전문

'그리운 樹介里'는 첫시집의 표제이자 김일태의 시적 상징공간이다. 樹介里는 그의 고향이다. 그는 고향 樹介里가 그리운 것이다. 지금은 도시로 나와서 방송국 PD가 되어 지역문화를 선도하는 포지션에서 단단히 자리를 잡고 있지만, 그래도 그리운 것은 그의 고향 樹介里다. 그가 그리워하는 樹介里는 현실공간이 아니고 추억의 공간이고 회상공간이다. 그곳에는 어린 김일태가 서정적 주인공으로 자리하고 있다. 아버지는 남지장에 가시고 어머니는 운암사 절 올리러 가셨다. 어린 김일태와 동생은 어머니를 하루 종일 기다리면서 돌물 풀며 돌점을 치고, 아버지를 기다리며 쪼막돌 손톱돌 되도록 개구리가슴 갈고 있었다. "돌 돌 납작돌/너도 동동 나도 동동/좋은 일만 동동"하고 리듬에 맞추어서 어린 가슴에 그리움 가득 사무치게 풀어내고 있었던 것이다.

어린 김일태가 하루 종일 동생과 함께 부모님을 기다리던 그 수개리는 여느 농촌처럼 가난하고 가슴 아픈 사연을 가득 품고 있는 공간이었다.

큰손님 심하게 앓던
오목가슴 내 동생
오한지던 한 철

—「그리운 樹介里 · 1」 부분

그들 지금도 어딘가 숨어서
조화더미 속에서 홀로 붉은
플라스틱 꽈리처럼
세상을 재고 있을까?

—「그리운 樹介里 · 3-작은 누나」 부분

엎어진 엿판처럼
가마니보에 쌓여
사라져 갔습니다

—「그리운 樹介里 · 25」 부분

보릿고개로 배고픈 설움이 가득하였고 돌림병으로 오한 지던 한 철을 보냈고 혈육, 친구를 먼저 떠나 보내기도 했다. 그는 왜, 이렇듯 서럽고 고달팠던 추억의 공간 樹介里를 그리워하는 것인가?

요즘 영상세대의 많은 아이들의 꿈이 쇼프로의 백댄서가 되는 것이라고들 하는데, 시쳇말로 잘 나가는 유수 방송국의 PD가 무엇이 그렇게 아쉬워서 저 60년대의 가난한 고향마을을 그리워하는 것인가? 이 명제는 김일태 시를 읽는 키포인트다. 이 명제는 오늘의 삶의 패러다임을 미적으로 비판하는 행위로 볼 수 있기 때문이다. 60년대 이후 근대화되면서 오늘날에는 '樹介里'가 표상하는 전통적 삶의 패러다임은 폐기처분되었거나 아니면 외면되어버려서 이제는 그야말로 추억의 공간에서나 자리하고 있다. 따라서 그가 특별하지도 않은, 모두 외면해버린 추억의 공간을 집요하게 그리워하는 것은 부유하고 소멸하는 '방송언어'가 표상하는 오늘의 삶에 대한 미적 거리 두기로 볼 수 있는 것이다. 쉽게 말해 그에게는 오늘의 삶의 방식이 도무지 마뜩찮은 것이다.

밥 지을 쌀을 일다가
떨어진 쌀알
함지박에 주워담아 다시 씻는다

어머닌
땅도 생쌀을 먹으면 체한다 하셨다

잘 썩은 음식 먹은
땅은 든든하다

땅힘으로 산다고 믿고 있는 어머닌

땅거죽이 델까 봐

아직도 기명물을 식혀서 버리신다.

—「어머니의 밥」 전문

김일태 시에서 '어머니'는 그의 고향 樹介里만큼이나 중요한 모티브다. 그 어머니는 밥 지을 쌀을 일다가 떨어진 쌀알을 함지박에 주워 담아 다시 씻는다. 일반적 상식으로는 옛사람들이 쌀알 한 톨도 아끼는 것은 그만큼 식량인 쌀에 대한 소중한 인식의 표현이다. 그러나 어머니가 쌀알 한 톨도 함지박에 다시 주워 담는 행위는 일상적 인식을 아우르며 더 높은 의미를 함의한다. 그것은 땅에 대한 배려이다. 땅도 생쌀을 먹으면 취한다고 생각한 때문이다. 오늘날 생태환경적 인식이 주된 담론의 등장하여 이슈가 되고 있지만 樹介里의 어머니는 이미 오래전에 벌써 땅을 하나의 생명체로 인식하고 있었던 것이다. 사람만 음식을 먹는 것이 아니라 땅도 생명체로서 먹어야 하는 존재이고, 그것도 함부로 먹는 것이 아니라 사람처럼 해롭지 않는 것을 가려서 잘 먹어야 한다는 인식이다. 땅이 든든하기 위해서는 잘 썩은 것을 먹어야 한다고 생각한다. 그뿐 아니다. 땅거죽이 델까봐 기명물을 식혀서 버리는 것이다. 어머니의 생태환경적 인식은 구호가 아니라 몸에 배인 삶 자체였던 것이다.

그런데 이제 그 어머니가 병들어 있는 것이다.

마흔 줄에도 철들지 못하고

탈속을 궁리하는 큰아들
무리하게 욕심내다 사업에 낭패당한 작은아들
대신해
어머니 벌서고 계신다

국민학교 삼학년 때 저금통 깨서 구슬 사고
거짓말하다 들켰을 때는
꾸지람 대신
사흘 동안 식음 끊고 근신하셨는데
그때는 사흘 잘못 빌어 용서해 주셨는데
이번에는 한 달 넘어 용서를 구해도
어머니 눈도 뜨지 않으신다.

—「간병일기2-어머니 대신 벌서고 계신다」 전문

여기서 '어머니' 라는 기호는 폭넓은 상징성을 띤다. 땅과 유기적 관계를 맺은 어머니, 땅을 생명체로 보았던 그 어머니가 병든 것이다. 그런데 어머니의 병은 마흔줄에도 철들지 못하고 탈속을 궁리하는 큰아들, 무리하게 욕심내다 사업에 낭패당한 작은 아들 대신해 벌서고 있다는 인식이다. 그렇다면 어머니의 병은 단순한 질병으로 볼 수 없다. 어머니의 병은 땅과 인간의 유기적 네트워크가 붕괴된 것을 환기하며, 그것은 바로 아들로 표상되는 현대인의 병든 세계관과 유관한 것이다. 다시 말해 땅과 유기적 관계를 맺었던 어머니가 병든 것은 아들의 허물 때문이다. 아들의 허물이 무엇인가? 그것은 어머니의 세계관을 계승하지 못한 탓이 아닌가. 땅거죽이 델까봐 기명물도 식혀서 부었던 그 어머니의 마음을 잃어버리고 아들은 무리하게 욕심을 부려서 자연을 훼손하면서 오늘의 병든 사회를 구축한 것이다.

최근에 출간한 제3시집의 표제가 '어머니의 땅'이라는 사실은 김일태의 시세계를 더 깊이 이해하는데 중요한 시사를 제공한다. 그의 시세계가 '수개리', '땅', '어머니'이라는 지배적인 이미저리로 매우 일관성 있게 그리고 견고하게 구축되어 있음을 뚜렷이 하는 것이다.

모든 땅을 향해 있습니다
하늘을 향한 듯 보이지만
높아진 만큼 더 깊이
땅에 뿌리를 묻고 있습니다.

가지가 자라면서 자꾸 늘어지는 이유도
마음이 땅으로 가 있기 때문입니다

우리가 높아지려 자꾸 목을 빼 올리지만
더 깊이 자신을 묻지 않으면 아니 된다는 걸
넘어지기를 거듭하면 깨닫습니다

열 가족 무등 태우느라 허리 굽어

조선 소나무 같은

어머니

—「어머니의 땅」 전문

김일태 시에서 어머니는 땅의 메타포다. 그렇다면 열 가족 무등 태우느라 허리 굽은 조선 소나무 같은 어머니, 그 어머니가 지금 병들어 있다는 것은 심각한 표징이다. 하늘을 향해 높이 뻗치는 오늘의 삶이 모두 땅을 기반으로 하고 있다면, 하늘을 행해 뻗치는 모든 존재가 땅이라는 어머니를 어찌 주목하지 않을 수 있겠는가. 어머니에게 뿌리를 깊이 묻어두지 아니하고서는 어찌 존립할 수가 있겠는가.

'樹介里', '땅', '어머니'는 단순한 기호를 넘어서, 오늘의 삶이 방기하고 있는 생명의 근원, 본질, 의미를 환기하는 김일태의 개인 상징이다. 김일태가 樹介里를 끊임없이 그리워하는 것도 따지고 보면 어린 시절의 그곳에서는 땅과 사람이 조화롭게 살아가는 본질적 삶이 자리하고 있었기 때문 아니겠는가. 또한 병든 어머니를 간병하면서 반성하고 가슴아파하는 것도 樹介里를 그리워하는 마음과 다를 바 없을 것이다.

김일태는 이제 제3시집을 상재하면서 시단에 자신의 포즈를 분명히 하는 듯하다. 그가 첫시집에서부터 세 번째 시집에 이르기까지 일관되게 땅(樹介里)의 언어, 어머니의 언어로 그려내는 것은 생명의 근원의식이다. 그는 PD라는 방송인으로서 작금의 부유하는 삶의 패러다임 누구보다 정확하게 읽고, 이 시대의 통속적 문화코드가 얼마나 생명의 본질적 근원에서 멀어져 있는가를 너무도 확연히 파악하고 있지 않았겠는가. 그래서 방송국 PD라는 직업과는 어울리지 않게 다소 투박한 몸짓으로 삶을 꾸려나가면서, 생명의 근원, 본질, 의미를 표상하는 '수개리', '땅', '어머니'를 시의 주된 모티브로 삼아 오늘의 비생명적 삶의 태도를 서정언어로 미적 비판을 가하고 있는 것이다.(2003년)

박우담의 구름의 연금술

미루고 미뤘던 박우담 시인의 시집을 읽고 서평이란 이름으로 쓴다. 박우담은 2004년 격월간 『시사사』로 등단하여 현재 계간 『시와 환상』 주간이다. 그리고 나의 친구로 1957년생 갑장이다.

살아가면서 수많은 사람들을 스쳐지나가지만 정작 몇 사람과 깊은 신뢰와 따스한 정을 느끼고 사는지 생각해볼 때 늘 박우담을 떠올리게 된다. 박우담의 남자다움과 의리는 남성성이 점점 왜소해져가는 우리 시대에 이채를 띤다 할 것이다. 나를 비롯한 우리 시대 남자들은 소시민으로 왜소하게, 대범치 못하게 가늘게 살아가고 있지 않은가.

박우담과 아주 가까이 지내지만 그렇다고 그를 다 아는 것은 아니다. 그의 과거도 정확하게는 모르고 물론 미래도 모른다. 그러나 그의 현재를 보면 그의 과거도 미래도 다 보이기는 한다. 아마 박우담은 이미 생의 깊이와 넓이를 다 섭렵해버린 듯하다. 그래서 그가 주재하는 계간 『시와 환상』의 미래가 환상적일 것이라고 생각되며, 그의 시단에서의 포스도 해를 더하면서 광채를 띨 것으로 믿는다. 그의 현재의 몸가짐과 얼굴을 보면 다 보이는 것이다.

박우담은 교편을 잡고 있는데, 교감 교장 같은 관리자로 승진하는 것보다 시인으로 남겠다고 한다. 그래서 어려운 가운데서도 시 쓰기와 『시와 환상』 주간 일에 더욱 매진하고 있다. 시가 얼마나 생의 보석인지를 누구보다 잘 안다는 것이다. 그는 마음만 먹으면 뭐든 할 수 있는 사람이다. 그는 파워맨이기 때문이다. 정치를 해도 할 사람이고, 사업을 해도 할 사람이다. 그의 사나이다운 배포를 생각하면 혁명을 해도 해낼 만한 사람이다. 그런 그가 생의 진실이 시에 있다고 지금 시를 쓴다.

장마구름이 머릴 풀어헤치고 내려온다 그 발자국 소리에 놀란 개 짖는 소리 들리어 온다 길 하나 갉아 먹고 또 다른 산길 하나 꼴까닥 삼킨다 온 마을을 성큼 베어먹기 시작한다 그러다가 이가 시린 듯 잠깐 쉬다가 찬찬히 지붕을 하나 둘 뜯어 먹는다 입속에 실성한 누구집 처녀 후다닥 뛰어다닌다 개 짖는 소리에 놀란 산골마을, 물러 서 있던 마을이 연신 얼굴을 내민다

나는 지금
실성한 처녀의 몸에 스크레칭* 하고 있는 구름장을 보고 있다

—「구름화실」 전문

그의 첫 시집에서 구름 이미저리가 먼저 눈에 띈다. 구름이라는

관습적 이미지를 박우담의 개인상징으로 빚어내고 있다. 그의 시적 수사는 상당히 현란하다. 갑자기 장마 구름이 온 마을을 덮치는 걸 두고 머릴 풀어헤치고 내려오는 것으로 비유한다. 그 발자국 소리에 놀란 개가 짖고, 길, 산길을 갉아먹고, 마음을 베어먹기 시작한다고 한다. 이가 시린 듯 잠깐 쉬다가 찬찬히 지붕을 하나 둘 뜯어먹고, 그 입속에는 실성한 누구 집 처녀가 후다닥 뛰어다니고 개 짓는 소리에 놀란 산골마을, 물러서 있던 마을이 연신 얼굴을 내민다고 한다. 그리고 화자는 지금 실성한 처녀의 몸에 스크래칭 하고 있는 구름장을 보고 있다.

박우담 시인은 앞에서 말했듯 사나이 중의 사나이다운 모습이다. 그의 듬직한 풍채만큼이나 시적 스케일 또한 장대하고 활달하다. '구름 화실' 이 환기하는 활달한 상상력은 '구름 모델', '구름 조각보', '구름 반점', '구름 경전', '구름, 트라우마', '구름 목장', '구름 도시', '구름 트랙', '구름 쇼핑몰', '구름 바비', '구름 병동', '구름 트렁크' 등으로 전이하면서 그야말로 구름 화실이 그려내는 그의 상상력은 이미 환상성에 닿아 있다.

검푸른 새벽의 껍질을 입은 그는 곤충이다 아무도 없는 공원 구석에서 구부정한 등을 웅크리고 밝아졌다 어두워지는 한 점 불빛으로 자신의 태를 불사른다 뿜어내는 기인 숨이 변태를 거듭한 생을 변명하듯 더듬거리며 흩어진다 붉은 실핏줄로 나눠진 겹눈 속에서 번식하고 있는 슬픔이 감은 눈을 파먹고 있다 온 에너지를 빨아들여 한 번 뜨거워지고 나면 차가운 재로 어두워지는 얼굴을 아침이

들추어낸다

어둠을 뚫고 날아오르지 못하는 그의 날개는 더러운 손발이 되어 삶 속으로 버려진다

—「반딧불이」 전문

박우담의 활달한 상상력은 존재의 비극적 정황으로 향한다. 시인은 인간이라는 추상적 개념을 통칭하는 존재보다는 실존 곧 '나' 라는 살아 숨 쉬고 있는 생명 자체에 관심을 가지는 것이다. 검푸른 새벽의 껍질을 입은 곤충, 빈딧불이는 아무도 없는 공원 구석 구부정한 등을 웅크리고 밝아졌다 어두워지는 한 점 불빛으로 자신의 태를 불사른다. 붉은 실핏줄로 나눠진 겹눈 속에서 번식하고 있는 슬픔이 감은 눈을 파먹고 있고, 온 에너지를 빨아들여 한 번 뜨거워지고 나면 차가운 재로 어두워지는 얼굴을 아침이 들추어낸다. 그런 어둠의 운명을 날아오르지 못하는 그의 날개는 더러운 손발이 되어 삶속으로 버려진다고 언명한다.

반딧불이의 실존의 슬픔을 이렇듯 드러내고 있다. 반딧불이로 표상되는 삶의 슬픔에 다름 아니다.

어떤 인간도 자력으로는 실존의 어둠을 뚫고 날아오르지는 못한다. 그 슬픔을 응시하는 시인의 눈도 이미 슬프지 아니한가.

신발 부르튼 신주쿠 밤거리에 악어가 있다 섬 하 게 빠른 템포로 호객하는 거리 신주쿠. 나뭇잎이 테크노 음악을 듣는다 어둠이 커튼콜로 흘러 내린다 충혈된 조명이 이방인의 눈에 정전기처럼 다가

온다. 발기된 사이키 조명 아래 뺑 뚫린 얍실한 널빤지는 테크노 리듬에 질퍽한 호수가 된다. 그 속에 악어가 몸을 웅크리고 있다 연신 헤엄친 피다만 잎들이 부목 같은 노를 젓는다 삐거덕거리는 호수가 노를 삼킨다 모국어 다른 숨소리 몇 가닥 뿌리째 밤을 땋는다

앳된 잎 떨어진다 가지 사이로 벚꽃 잎 하나 선홍빛 머금었다 다국적 신발 자국 찍힌 지폐 몇 장 불그스레하다 악어 손톱에도 꽃물 선연하다. 나의 누이여

—「신주쿠 스트리퍼 쇼코」 전문

신자본주의 시대는 극소수가 금융을 장악함으로써 가진 자는 더 많이 가지게 되고 그렇지 못한 자는 실업자가 되거나 노숙자로 전락한다. 신주쿠는 쇼핑과 유흥의 거리로 대형백화점이 즐비하다. 신주쿠 뒷골목에서 마약을 파는 동남아청년들이 있고, 몸값을 흥정하는 거리의 여성들이 있다.

신발 부르튼 신주쿠 밤거리에는 악어가 산다. 충혈된 조명이 이방인의 눈에 정전기처럼 다가오면 발기된 사이키 조명 아래 뺑 뚫린 얍실한 널빤지는 테크노 리듬에 질퍽한 호수, 그 속에 악어가 몸을 웅크리고 있는 것이다. 그런데 자세히 보면 악어 손톱에 꽃물 선연하다.

다국적 신발 자국 찍힌 지폐 몇 장 쥔 꽃물 선연한 손톱, 이 비극적 정황은 신주쿠만의 풍경이겠는가. 서울의 풍경이고 신자본주의 풍경이 아니고 무엇이겠는가.

어느 오후, 비 오는 날 중앙시장 과일점 앞에 한 사내가 길을 건너고 있다. 이미 길은 모래에 덮인 수박 같다. 그는 한 손으로 좌판을 밀고 다른 한 손으로 가죽으로 휘감은 몸뚱아리를 옮기고 있다. 앵두이파리 같은 손을 움직이고 있다. 그의 하반신은 물에 잠겨져 있다. 좌판에는 고무줄, 때밀이수건, 빨래집게가 이리저리 흔들리고 있다. 비가 와서 고무줄처럼 집으로 당겨져 가는 모양이다. 그의 좌판은 생명을 엮는 고무줄이고, 울분을 씻는 수건이고, 핏줄을 연결하는 집게이다. 자동차들이 물을 튀기며 지나가고 있다. 행인들은 철지난 과일을 보듯 지나간다. 그는 한 번에 포도알만큼 움직이고 있다. 오디 같은 빗방울이 그의 얼굴을 때리고 있다. 얼굴이 시퍼렇다. 하늘에 음악은 흐르고 "스컬링" "스컬링"은 이어지고 있으나 박수소리는 들리어 올 기미가 없다

—「수중 발레리나」 전문

태어나면서부터 맹인인 사람을 두고 제자들은 예수님께 질문한다. "선생님, 이 사람이 맹인으로 태어난 것은 누구의 죄 때문입니까? 저 사람 자신의 죄 때문입니까? 아니면 저 사람의 부모의 죄 때문입니까" 예수님은 이렇게 대답하신다. "이 사람이나 그 부모의 죄로 인한 것이 아니라 그에게서 하나님이 하시는 일을 나타내고자 하심이라." 「수중 발레리나」의 화자의 질문 또한 예수님의 제자의 질문과 마찬가지다. 비 오는 어느 오후 중앙시장 과일점 앞의 한 사내. 그에게 길은 이미 모래에 덮인 수박 같다. 그는 한 손으로

좌판을 밀고 다른 한 손으로 가죽으로 휘감은 몸뚱어리를 옮기고 있다. 앵두 이파리 같은 손으로 이 일을 하고 있다. 그의 하반신은 이미 물에 잠겨 있고 좌판에는 고무줄, 때밀이수건, 빨래집게가 이리저리 흔들리고 있다. 그에게 좌판은 생명을 엮는 고무줄이고 울분을 씻는 수건이고 핏줄을 연결하는 집게다. 그를 자동차가 물을 튀기며 지나고, 행인들은 철지난 과일 보듯 지나간다. 한 번에 포도알만큼 움직이고 오디 같은 빗방울이 때린 그의 얼굴이 시퍼렇다. 하늘에 음악은 흐리고 "스컬링", "스컬링"은 이어지고 있으나 박수소리는 들리지 않는다.

아무런 질문을 하지 않고 자신의 심중을 드러내지 않으며 묘사하고 있지만 화자는 신에게 질문하고 있는 것이다.

"저 사람 자신의 죄 때문입니까?"

출근길. '아름다운 도보 길' 에 선정된 칠선계곡 좀 지나 마천 가는 길에 주먹만한 다람쥐가 삼보일배로 길을 건너고 있었다 재빨리 나는 브레이크에 발을 몇 번 올렸다 그래도 자기 길인 양 손톱만큼도 비껴줄 생각없이 발자국으로 문장을 쓰고 있었다 나의 경고를 지나치며 졸지에 이방인이 된 나를 꾸짖는 듯했다 손까시래기 만한 순간 별 생각이 다 들었다 분명 이놈은 아침꺼리 구하러 탁발 가는 길이든지, 아니면 놓친 불경 몇 줄 오체투지로 끌고가는 길이든지

경적 소리, 법고 같이 자꾸 내 뒤통수를 때린다 태양도 따라오다가 뒤통수를 때린다

—「이방인」 전문

박우담 시인이 마천중학교 근무할 때 쓴 시 같다. 출근길 '아름다운 도보 길'에 선정된 칠선계곡을 지나가는 길에 주먹만한 다람쥐가 삼보일배로 길을 건너고 있는 걸 보았다. 브레이크에 발을 몇 번 올렸지만 자기 길인 양 손톱만큼도 비껴줄 생각 없는 다람쥐는 발자국으로 문장을 쓰고 있었다. 이 다람쥐 앞에서 사람인 화자는 분명 이방인이다. 다람쥐는 사람의 인식틀을 넘어서고 있기 때문이다. 그래서 화자는 손까시래기만한 순간이라지만 별다른 생각을 해본다. 이놈은 분명 아침꺼리 구하러 탁발 가는 길, 혹은 놓친 불경 몇 줄 오체투지로 끌고 가는 길일 것이다.

화자는 이제 생태중심으로 생각한다. 인간심주의적 관점이 아닌, 생태중심주의적 깨달음을 드러내는 것이다. 강희근 시인은 수년 전에 박우담 시인이 지리산 마천골에 들어가는 것을 보고, 「마천으로 출근한은 사람」이란 시를 썼고, 그 시에서 마천골의 하늘과 구름을 맞대면하고 사는 사람이라는 점에서 박 시인은 뭔가 일을 낼 것이라는 예단, 즉 시단의 게릴라가 되거나 파르티잔이 되어 우리의 나태한 의식의 초가삼간을 불태워버릴 것임을 드러내었다.

인간중심주의적 사유가 지배하는 신자본주의적 삶의 도회지를 아침마다 떠나서 마천골로 들어가 경적 소리, 법고 같이 뒤통수를 때리는, 태양이 번쩍하는 깨달음을 박우담은 얻은 것이 분명하다.

이번 시집은 시인 박우담이 새로 태어나는 상징적 전조다. 내 개인적으로도 박우담에 대한 인식이 박우담 첫 시집 『구름트렁크』

이전과 이후로 선명하게 갈라진다. 첫 시집 출간 이전에도 박우담의 시를 읽어보며, 박우담의 시인으로서의 면모를 인지하지 않은 것은 아니지만 이번 첫 시집을 통독하며 박우담 시인은 우리 시대 가장 개성 있는 시인의 한 사람으로 뚜렷이 각인되었다.

박우담의 첫 시집 『구름트렁크』는 구름의 연금술을 보였다. '구름화실' 이 표상하듯 구름으로 그려내는 그의 환상적 상상력은 일상적 존재를 넘어 실존의 슬픔을 드러낸다. 피조된 인간, 혹은 중간적 존재로서 앓으며 살아갈 수밖에 없는 실존적 정황을 구름의 연금술로 빚어낸 것이다. 이런 연금술은 「이방인」에서 보이듯 번쩍이는 시적 각성의 결과물이다.(2012년)

| 저자 약력 |

이상옥

1957년 경남 고성 마암에서 태어났다. 국립경상대학교 농대를 거쳐 홍익대학교 교육대학원(국어교육) 및 홍익대학교 대학원 국어국문학과(문학박사), 다시 대전대학교 문예창작학과를 졸업했다.

1989년 월간 『시문학』으로 등단(시인)하여 시집으로 『하얀 감꽃이 피던 날』 『꿈꾸는 애벌레만 나비의 눈을 달았다』 『유리그릇』 『환승역에서』 『그리운 외뿔』이 있다. 평론집 및 이론서로 『변방의 시학』 『역류하는 시학』 『시적 담화체계 연구』 『아름다운 상처의 시학』 『현대시와 투명한 언어』 『시창작입문』 『불통의 詩를 넘어』, 시해설서로 『사색을 위한 기독교명시』 『시가 있는 아침에』 『희미한 옛사랑의 추억』 등과 공저 『문학의 이론』 『한국현대문학사』 외 다수가 있다.

2004년에는 한국디지털도서관에 '디카시' 라는 새로운 문학용어로 연재하고서 동년에 최초의 디카시집 『고성 가도固城 街道』를 출간하고 『디카詩를 말한다』 『앙코르 디카詩』 같은 디카시론집도 출간하는 한편, 2006년 무크지 『디카詩 마니아』를 창간하고, 2007년에는 반년간 『디카詩』로 전환하여 편집주간을 역임하고 현재 편집인을 맡고 있으며, 아울러 디카시문화콘텐츠연구회 회장과 고성문화원 부설 디카시연구소 소장을 맡아 디카시 운동을 주재하고 있다.

제29회 시문학상, 제5회 유심작품상, 제24회 경남문학상을 받았고, 철성고등학교 국어교사 및 창신대학(전문대학) 문예창작과 교수를 거쳐, 현재 2013년 전문대학에서 4년제 일반대학으로 승격한 창신대학교에 교양학부 교수로 재직하며 한국현대문예비평학회 부회장을 맡고 있다.

경남현대시인론

2015년 2월 24일 초판 1쇄 찍음
2015년 2월 28일 초판 1쇄 펴냄

지은이 _ 이상옥
펴낸이 _ 양문규
펴낸곳 _ 詩와에세이

신고번호 _ 제319-2005-000014호
주소 _ (120-865) 서울시 서대문구 북아현로 16길 7 2층
대표전화 _ (02)324-7653, 070-8877-7653
팩시밀리 _ 0505-116-7653
휴대전화 _ 010-5355-7565
전자우편 _ sie2005@naver.com
공 급 처 _ 한국출판협동조합
주문전화 _ (070)7119-1741~2
팩시밀리 _ (031)944-8234~6

ISBN 979-11-86111-04-8 03810